TRANZLATY

Sprache ist für alle da

Езикът е за всички

Der Ruf der Wildnis

Дивото зове

Jack London

Джак Лондон

Deutsch / Български

Copyright © 2025 Tranzlaty
All rights reserved
Published by Tranzlaty
ISBN: 978-1-80572-788-0
Original text by Jack London
The Call of the Wild
First published in 1903
www.tranzlaty.com

Ins Primitive
В примитивното

Buck las keine Zeitungen
Бък не четеше вестници.
Hätte er die Zeitung gelesen, hätte er gewusst, dass Ärger im Anzug war.
Ако беше чел вестниците, щеше да знае, че се задават проблеми.
Nicht nur er selbst, sondern jeder einzelne Tidewater-Hund bekam Ärger.
Имаше проблеми не само за него, но и за всяко куче, живеещо в приливна вода.
Jeder Hund mit starken Muskeln und warmem, langem Fell würde in Schwierigkeiten geraten.
Всяко куче, силно мускулесто и с топла, дълга козина, щеше да си има проблеми.
Von Puget Bay bis San Diego konnte kein Hund dem entkommen, was auf ihn zukam.
От Пюджет Бей до Сан Диего никое куче не можеше да избегне това, което предстоеше.
Männer, die in der arktischen Dunkelheit herumtasteten, hatten ein gelbes Metall gefunden.
Мъже, опипвайки арктическия мрак, бяха открили жълт метал.
Dampfschiff- und Transportunternehmen waren auf der Jagd nach der Entdeckung.
Параходните и транспортните компании преследваха откритието.
Tausende von Männern strömten ins Nordland.
Хиляди мъже се втурваха към Северната земя.
Diese Männer wollten Hunde, und die Hunde, die sie wollten, waren schwere Hunde.
Тези мъже искаха кучета, а кучетата, които искаха, бяха тежки кучета.
Hunde mit starken Muskeln, die sie zum Arbeiten brauchen.
Кучета със силни мускули, с които да се трудят.

Hunde mit Pelzmantel, der sie vor Frost schützt.
Кучета с космата козина, която да ги предпазва от студа.

Buck lebte in einem großen Haus im sonnenverwöhnten Santa Clara Valley.
Бък живееше в голяма къща в слънчевата долина Санта Клара.

Der Ort, an dem Richter Miller wohnte, wurde sein Haus genannt.
Наричаше се къщата на съдия Милър.

Sein Haus stand etwas abseits der Straße, halb zwischen den Bäumen versteckt.
Къщата му стоеше встрани от пътя, полускрита сред дърветата.

Man konnte einen Blick auf die breite Veranda erhaschen, die rund um das Haus verläuft.
Човек можеше да зърне широката веранда, обграждаща къщата.

Die Zufahrt zum Haus erfolgte über geschotterte Zufahrten.
До къщата се водеше по чакълести алеи.

Die Wege schlängelten sich durch weitläufige Rasenflächen.
Пътеките се виеха през обширни тревни площи.

Über ihnen waren die ineinander verschlungenen Zweige hoher Pappeln.
Над главите им се преплитаха клоните на високи тополи.

Auf der Rückseite des Hauses ging es noch geräumiger zu.
В задната част на къщата нещата бяха още по-просторни.

Es gab große Ställe, in denen ein Dutzend Stallknechte plauderten
Имаше големи конюшни, където дузина коняри си бъбреха

Es gab Reihen von weinbewachsenen Dienstbotenhäusern
Имаше редици от облицовани с лозови настилки за слуги

Und es gab eine endlose und ordentliche Reihe von Toilettenhäuschen
И имаше безкраен и подреден набор от външни постройки

Lange Weinlauben, grüne Weiden, Obstgärten und Beerenfelder.
Дълги лозови беседки, зелени пасища, овощни градини и ягодоплодни лехи.
Dann gab es noch die Pumpanlage für den artesischen Brunnen.
След това имаше помпена инсталация за артезианския кладенец.
Und da war der große Zementtank, der mit Wasser gefüllt war.
И там беше големият циментов резервоар, пълен с вода.
Hier nahmen die Jungs von Richter Miller ihr morgendliches Bad.
Тук момчетата на съдия Милър се гмурнаха сутринта.
Und auch dort kühlten sie sich am heißen Nachmittag ab.
И те се разхладиха там в горещия следобед.
Und über dieses große Gebiet herrschte Buck über alles.
И над това голямо владение, Бък беше този, който управляваше всичко.
Buck wurde auf diesem Land geboren und lebte hier sein ganzes vierjähriges Leben.
Бък е роден на тази земя и е живял тук през всичките си четири години.
Es gab zwar noch andere Hunde, aber die spielten keine wirkliche Rolle.
Наистина имаше и други кучета, но те всъщност нямаха значение.
An einem so riesigen Ort wie diesem wurden andere Hunde erwartet.
На толкова огромно място се очакваха и други кучета.
Diese Hunde kamen und gingen oder lebten in den geschäftigen Zwingern.
Тези кучета идваха и си отиваха или живееха в оживените развъдници.
Manche Hunde lebten versteckt im Haus, wie Toots und Ysabel.

Някои кучета живееха скрити в къщата, като Тутс и Изабел.
Toots war ein japanischer Mops, Ysabel ein mexikanischer Nackthund.
Тутс беше японски мопс, а Изабел - мексиканско куче без козина.
Diese seltsamen Kreaturen verließen das Haus kaum.
Тези странни същества рядко излизаха извън къщата.
Sie berührten weder den Boden noch schnüffelten sie draußen an der frischen Luft.
Те не докосваха земята, нито подушваха открития въздух навън.
Außerdem gab es Foxterrier, mindestens zwanzig an der Zahl.
Имаше и фокстериери, поне двадесет на брой.
Diese Terrier bellten Toots und Ysabel im Haus wild an.
Тези териери лаеха яростно по Тутс и Изабел вътре.
Toots und Ysabel blieben hinter Fenstern, in Sicherheit.
Тутс и Изабел останаха зад прозорците, в безопасност.
Sie wurden von Hausmädchen mit Besen und Wischmopps bewacht.
Те бяха пазени от домашни прислужници с метли и мопове.
Aber Buck war kein Haushund und auch kein Zwingerhund.
Но Бък не беше домашно куче, нито пък беше куче за развъдник.
Das gesamte Anwesen gehörte Buck als seinem rechtmäßigen Reich.
Целият имот принадлежеше на Бък като негово законно владение.
Buck schwamm im Becken oder ging mit den Söhnen des Richters auf die Jagd.
Бък плуваше в резервоара или ходеше на лов със синовете на съдията.
Er ging in den frühen oder späten Morgenstunden mit Mollie und Alice spazieren.

Той се разхождаше с Моли и Алис в ранните или късните часове.

In kalten Nächten lag er mit dem Richter vor dem Kaminfeuer der Bibliothek.

В студените нощи той лежеше пред камината в библиотеката със съдията.

Buck ließ die Enkel des Richters auf seinem starken Rücken herumreiten.

Бък возеше внуците на съдията на силния си гръб.

Er wälzte sich mit den Jungen im Gras und bewachte sie genau.

Той се търкаляше в тревата с момчетата, пазейки ги отблизо.

Sie wagten sich bis zum Brunnen und sogar an den Beerenfeldern vorbei.

Те се осмелиха да стигнат до фонтана и дори покрай ягодовите поля.

Unter den Foxterriern lief Buck immer mit königlichem Stolz.

Сред фокстериерите Бък винаги крачеше с кралска гордост.

Er ignorierte Toots und Ysabel und behandelte sie, als wären sie Luft.

Той игнорира Тутс и Изабел, отнасяйки се с тях сякаш бяха въздух.

Buck herrschte über alle Lebewesen auf Richter Millers Land.

Бък властваше над всички живи същества в земята на съдия Милър.

Er herrschte über Tiere, Insekten, Vögel und sogar Menschen

Той властвал над животни, насекоми, птици и дори хора.

Bucks Vater Elmo war ein großer und treuer Bernhardiner gewesen.

Бащата на Бък, Елмо, беше огромен и лоялен санбернар.

Elmo wich dem Richter nie von der Seite und diente ihm treu.

Елмо никога не се отделяше от съдията и му служи вярно.
Buck schien bereit, dem edlen Beispiel seines Vaters zu folgen.
Бък изглеждаше готов да последва благородния пример на баща си.
Buck war nicht ganz so groß und wog hundertvierzig Pfund.
Бък не беше чак толкова едър, тежеше сто и четиридесет паунда.
Seine Mutter Shep war eine schöne schottische Schäferhündin gewesen.
Майка му, Шеп, беше чудесно шотландско овчарско куче.
Aber selbst mit diesem Gewicht hatte Buck eine königliche Ausstrahlung.
Но дори и с това тегло, Бък ходеше с царствено присъствие.
Dies kam vom guten Essen und dem Respekt, der ihm immer entgegengebracht wurde.
Това идваше от добрата храна и уважението, което винаги получаваше.
Vier Jahre lang hatte Buck wie ein verwöhnter Adliger gelebt.
В продължение на четири години Бък беше живял като разглезен благородник.
Er war stolz auf sich und sogar ein wenig egoistisch.
Той се гордееше със себе си и дори беше леко егоистичен.
Diese Art von Stolz war bei den Herren abgelegener Landstriche weit verbreitet.
Този вид гордост беше често срещана сред отдалечените селски лордове.
Doch Buck hat es vermieden, ein verwöhnter Haushund zu werden.
Но Бък се спаси от това да се превърне в разглезено домашно куче.
Durch die Jagd und das Training blieb er schlank und stark.
Той остана строен и силен чрез лов и упражнения.
Er liebte Wasser zutiefst, wie Menschen, die in kalten Seen baden.

Той обичаше водата дълбоко, като хората, които се къпят в студени езера.
Diese Liebe zum Wasser hielt Buck stark und sehr gesund.
Тази любов към водата поддържаше Бък силен и много здрав.
Dies war der Hund, zu dem Buck im Herbst 1897 geworden war.
Това беше кучето, в което Бък се беше превърнал през есента на 1897 г.
Als der Klondike-Angriff die Menschen in den eisigen Norden trieb.
Когато ударът в Клондайк привлече мъжете към замръзналия Север.
Menschen aus aller Welt strömten in das kalte Land.
Хора от цял свят се втурнаха в студената земя.
Buck las jedoch weder die Zeitungen noch verstand er Nachrichten.
Бък обаче не четеше вестници, нито разбираше новини.
Er wusste nicht, dass es nicht gut war, Zeit mit Manuel zu verbringen.
Той не знаеше, че Мануел е лош човек.
Manuel, der im Garten half, hatte ein großes Problem.
Мануел, който помагаше в градината, имаше сериозен проблем.
Manuel war spielsüchtig nach der chinesischen Lotterie.
Мануел беше пристрастен към хазарта в китайската лотария.
Er glaubte auch fest an ein festes System zum Gewinnen.
Той също така силно вярваше във фиксирана система за победа.
Dieser Glaube machte sein Scheitern sicher und unvermeidlich.
Тази вяра правеше провала му сигурен и неизбежен.
Um ein System zu spielen, braucht man Geld, und das fehlte Manuel.
Играта по система изисква пари, каквито на Мануел му липсваха.

Sein Gehalt reichte kaum zum Überleben seiner Frau und seiner vielen Kinder.
Заплатата му едва издържаше жена му и многото му деца.
In der Nacht, in der Manuel Buck verriet, war alles normal.
В нощта, в която Мануел предаде Бък, нещата бяха нормални.
Der Richter war bei einem Treffen der Rosinenanbauervereinigung.
Съдията беше на среща на Асоциацията на производителите на стафиди.
Die Söhne des Richters waren damals damit beschäftigt, einen Sportverein zu gründen.
Синовете на съдията бяха заети с основаването на спортен клуб по това време.
Niemand sah, wie Manuel und Buck durch den Obstgarten gingen.
Никой не видя Мануел и Бък да си тръгват през овощната градина.
Buck dachte, dieser Spaziergang sei nur ein einfacher nächtlicher Spaziergang.
Бък си помисли, че тази разходка е просто обикновена нощна разходка.
Sie trafen nur einen Mann an der Flaggenstation im College Park.
Срещнаха само един мъж на станцията за флагове в Колидж Парк.
Dieser Mann sprach mit Manuel und sie tauschten Geld aus.
Този човек разговарял с Мануел и те си разменили пари.
„Verpacken Sie die Waren, bevor Sie sie ausliefern", schlug er vor
„Опаковайте стоките, преди да ги доставите", предложи той.
Die Stimme des Mannes war rau und ungeduldig, als er sprach.
Гласът на мъжа беше дрезгав и нетърпелив, докато говореше.
Manuel band Buck vorsichtig ein dickes Seil um den Hals.

Мануел внимателно завърза дебело въже около врата на Бък.

„Verdreh das Seil, und du wirst ihn gründlich erwürgen"

„Усукай въжето и ще го задавиш яко."

Der Fremde gab ein Grunzen von sich und zeigte damit, dass er gut verstanden hatte.

Непознатият изсумтя, показвайки, че е разбрал добре.

Buck nahm das Seil an diesem Tag mit ruhiger und stiller Würde an.

В онзи ден Бък прие въжето със спокойно и тихо достойнство.

Es war eine ungewöhnliche Tat, aber Buck vertraute den Männern, die er kannte.

Това беше необичайна постъпка, но Бък се доверяваше на мъжете, които познаваше.

Er glaubte, dass ihre Weisheit weit über sein eigenes Denken hinausging.

Той вярваше, че тяхната мъдрост далеч надхвърля собственото му мислене.

Doch dann wurde das Seil in die Hände des Fremden gegeben

Но тогава въжето беше предадено в ръцете на непознатия.

Buck stieß ein leises, warnendes und zugleich bedrohliches Knurren aus.

Бък изръмжа тихо, предупредително с тиха заплаха.

Er war stolz und gebieterisch und wollte seinen Unmut zum Ausdruck bringen.

Той беше горд и властен и възнамеряваше да покаже недоволството си.

Buck glaubte, seine Warnung würde als Befehl verstanden werden.

Бък вярваше, че предупреждението му ще бъде разбрано като заповед.

Zu seinem Entsetzen zog sich das Seil schnell um seinen dicken Hals zusammen.

За негов шок, въжето се стегна бързо около дебелия му врат.

Ihm blieb die Luft weg und er begann in plötzlicher Wut zu kämpfen.
Дишането му спря и той започна да се бори, обзет от внезапен гняв.
Er sprang auf den Mann zu, der Buck schnell mitten in der Luft traf.
Той скочи към мъжа, който бързо срещна Бък във въздуха.
Der Mann packte Buck am Hals und drehte ihn geschickt in der Luft.
Мъжът сграбчи Бък за гърлото и умело го завъртя във въздуха.
Buck wurde hart zu Boden geworfen und landete flach auf dem Rücken.
Бък беше силно хвърлен надолу и се приземи по гръб.
Das Seil würgte ihn nun grausam, während er wild um sich trat.
Въжето сега го души жестоко, докато той риташе диво.
Seine Zunge fiel heraus, seine Brust hob und senkte sich, doch er bekam keine Luft.
Езикът му изхлузи, гърдите му се повдигнаха, но не си пое дъх.
Noch nie in seinem Leben war er mit solcher Gewalt behandelt worden.
Никога през живота си не се беше отнасял с такова насилие.
Auch war er noch nie zuvor von solch tiefer Wut erfüllt gewesen.
Той също така никога преди не беше изпитвал такава дълбока ярост.
Doch Bucks Kraft schwand und seine Augen wurden glasig.
Но силата на Бък избледня и очите му се замъглиха.
Er wurde ohnmächtig, als in der Nähe ein Zug angehalten wurde.
Той припадна точно когато наблизо спря влак.
Dann warfen ihn die beiden Männer schnell in den Gepäckwagen.

След това двамата мъже бързо го хвърлиха във вагона за багаж.
Das nächste, was Buck spürte, war ein Schmerz in seiner geschwollenen Zunge.
Следващото нещо, което Бък почувства, беше болка в подутия си език.
Er bewegte sich in einem wackelnden Wagen und war nur schwach bei Bewusstsein.
Той се движеше в трепереща каруца, само смътно съзнавайки всичко.
Das schrille Pfeifen eines Zuges verriet Buck seinen Standort.
Острият писък на влакова свирка подсказа на Бък местоположението му.
Er war oft mit dem Richter mitgefahren und kannte das Gefühl.
Той често беше яздил със Съдията и познаваше чувството.
Es war der einzigartige Schock, wieder in einem Gepäckwagen zu reisen.
Това беше отново онова неповторимо усещане от пътуването в багажен вагон.
Buck öffnete die Augen und sein Blick brannte vor Wut.
Бък отвори очи и погледът му горяше от ярост.
Dies war der Zorn eines stolzen Königs, der vom Thron gejagt wurde.
Това беше гневът на горд цар, свален от трона си.
Ein Mann wollte ihn packen, doch stattdessen schlug Buck zuerst zu.
Един мъж се протегна да го хване, но Бък удари пръв.
Er versenkte seine Zähne in der Hand des Mannes und hielt sie fest.
Той заби зъби в ръката на мъжа и я стисна здраво.
Er ließ nicht los, bis er ein zweites Mal ohnmächtig wurde.
Той не го пусна, докато не загуби съзнание за втори път.
„Ja, hat Anfälle", murmelte der Mann dem Gepäckträger zu.
— Да, има припадъци — промърмори мъжът на багажника.

Der Gepäckträger hatte den Kampf gehört und war näher gekommen.
Багажникът беше чул боричкането и се беше приближил.
„Ich bringe ihn für den Chef nach Frisco", erklärte der Mann.
„Водя го във Сан Франциско заради шефа", обясни мъжът.
„Dort gibt es einen tollen Hundearzt, der sagt, er könne sie heilen."
„Там има един добър кучешки лекар, който казва, че може да ги излекува."
Später in der Nacht gab der Mann seinen eigenen ausführlichen Bericht ab.
По-късно същата вечер мъжът даде пълния си разказ.
Er sprach aus einem Schuppen hinter einem Saloon am Hafen.
Той говореше от навес зад един салун на доковете.
„Ich habe nur fünfzig Dollar bekommen", beschwerte er sich beim Wirt.
„Всичко, което ми дадоха, бяха петдесет долара", оплака се той на собственика на салуна.
„Ich würde es nicht noch einmal tun, nicht einmal für tausend Dollar in bar."
„Не бих го направил отново, дори и за хиляда в брой."
Seine rechte Hand war fest in ein blutiges Tuch gewickelt.
Дясната му ръка беше плътно увита в окървавена кърпа.
Sein Hosenbein war vom Knie bis zum Fuß weit aufgerissen.
Крачолът му беше широко разкъсан от коляното до петите.
„Wie viel hat der andere Trottel verdient?", fragte der Wirt.
„Колко е получил другият хал?" попита кръчмарят.
„Hundert", antwortete der Mann, „einen Cent weniger würde er nicht nehmen."
„Сто", отвърнал мъжът, „не би взел и цент по-малко."
„Das macht hundertfünfzig", sagte der Kneipenmann.
— Това прави сто и петдесет — каза кръчмарят.

„Und er ist das alles wert, sonst bin ich nicht besser als ein Dummkopf."
„И той си заслужава всичко, иначе не съм нищо повече от глупак."

Der Mann öffnete die Verpackung, um seine Hand zu untersuchen.
Мъжът отвори опаковката, за да огледа ръката си.

Die Hand war stark zerrissen und mit getrocknetem Blut verkrustet.
Ръката беше силно разкъсана и покрита със засъхнала кръв.

„Wenn ich keine Tollwut bekomme ...", begann er zu sagen.
„Ако не получа хидрофобия...", започна той.

„Das liegt wohl daran, dass du zum Hängen geboren wurdest", ertönte ein Lachen.
„Ще е защото си роден да бесиш" – чу се смях.

„Komm und hilf mir, bevor du gehst", wurde er gebeten.
„Ела да ми помогнеш, преди да тръгнеш", помолиха го.

Buck war von den Schmerzen in seiner Zunge und seinem Hals benommen.
Бък беше замаян от болката в езика и гърлото си.

Er war halb erwürgt und konnte kaum noch aufrecht stehen.
Той беше полуудушен и едва можеше да се държи изправен.

Dennoch versuchte Buck, den Männern gegenüberzutreten, die ihm so viel Leid zugefügt hatten.
Въпреки това Бък се опита да се изправи срещу мъжете, които го бяха наранили толкова много.

Aber sie warfen ihn nieder und würgten ihn erneut.
Но те го хвърлиха на земята и го задушиха отново.

Erst dann konnten sie sein schweres Messinghalsband absägen.
Едва тогава можеха да отрежат тежката му месингова яка.

Sie entfernten das Seil und stießen ihn in eine Kiste.
Махнаха въжето и го натикаха в сандък.

Die Kiste war klein und hatte die Form eines groben Eisenkäfigs.

Щандът беше малък и оформен като груба желязна клетка.

Buck lag die ganze Nacht dort, voller Zorn und verletztem Stolz.

Бък лежа там цяла нощ, изпълнен с гняв и наранена гордост.

Er konnte nicht einmal ansatzweise verstehen, was mit ihm geschah.

Той не можеше да започне да разбира какво му се случва.

Warum hielten ihn diese fremden Männer in dieser kleinen Kiste fest?

Защо тези странни мъже го държаха в този малък сандък?

Was wollten sie von ihm und warum diese grausame Gefangenschaft?

Какво искаха от него и защо този жесток плен?

Er spürte einen dunklen Druck, das Gefühl, dass das Unglück näher rückte.

Той усети мрачен натиск; предчувствие за приближаваща катастрофа.

Es war eine vage Angst, die ihn jedoch schwer belastete.

Беше смътен страх, но той силно го смаза.

Mehrmals sprang er auf, als die Schuppentür klapperte.

Няколко пъти той скачаше, когато вратата на бараката тракаше.

Er erwartete, dass der Richter oder die Jungen erscheinen und ihn retten würden.

Той очакваше Съдията или момчетата да се появят и да го спасят.

Doch jedes Mal lugte nur das dicke Gesicht des Wirts hinein.

Но само дебелото лице на кръчмаря надничаше вътре всеки път.

Das Gesicht des Mannes wurde vom schwachen Schein einer Talgkerze erhellt.

Лицето на мъжа беше осветено от слабата светлина на лоена свещ.

Jedes Mal verwandelte sich Bucks freudiges Bellen in ein leises, wütendes Knurren.
Всеки път радостният лай на Бък се променяше в ниско, гневно ръмжене.

Der Wirt ließ ihn für die Nacht allein in der Kiste zurück
Собственикът на кръчмата го остави сам за през нощта в клетката

Aber als er am Morgen aufwachte, kamen noch mehr Männer.
Но когато се събуди сутринта, идваха още мъже.

Vier Männer kamen und hoben die Kiste vorsichtig und wortlos auf.
Четирима мъже дойдоха и предпазливо вдигнаха сандъка, без да кажат нито дума.

Buck wusste sofort, in welcher Situation er sich befand.
Бък веднага разбра в какво положение се намира.

Sie waren weitere Peiniger, die er bekämpfen und fürchten musste.
Те бяха още мъчители, с които той трябваше да се бори и от които да се страхува.

Diese Männer sahen böse, zerlumpt und sehr ungepflegt aus.
Тези мъже изглеждаха зли, дрипави и много зле поддържани.

Buck knurrte und stürzte sich wild durch die Gitterstäbe auf sie.
Бък изръмжа и се нахвърли яростно върху тях през решетките.

Sie lachten nur und stießen mit langen Holzstöcken nach ihm.
Те само се смееха и го бодеха с дълги дървени пръчки.

Buck biss in die Stöcke, dann wurde ihm klar, dass es das war, was ihnen gefiel.
Бък захапа пръчките, после осъзна, че точно това им харесва.

Also legte er sich ruhig hin, mürrisch und vor stiller Wut brennend.
И така, той легна тихо, навъсен и горящ от тиха ярост.
Sie hoben die Kiste auf einen Wagen und fuhren mit ihm weg.
Те качиха сандъка в каруца и отпътуваха с него.
Die Kiste mit Buck darin wechselte oft den Besitzer.
Щандът, в който Бък беше заключен вътре, често сменяше собственика си.
Express-Büroangestellte übernahmen die Leitung und kümmerten sich kurz um ihn.
Служителите от експресната служба поеха контрола и се справиха с него за кратко.
Dann transportierte ein anderer Wagen Buck durch die laute Stadt.
След това друга каруца прекара Бък през шумния град.
Ein Lastwagen brachte ihn mit Kisten und Paketen auf eine Fähre.
Камион го закарал с кутии и пакети на ферибот.
Nach der Überquerung lud ihn der Lastwagen an einem Bahndepot ab.
След като пресече, камионът го разтовари на железопътна гара.
Schließlich wurde Buck in einen wartenden Expresswagen gesetzt.
Накрая Бък беше настанен в чакащ експресен вагон.
Zwei Tage und Nächte lang zogen Züge den Schnellzug ab.
В продължение на два дни и нощи влаковете отдалечаваха експресния вагон.
Buck hat während der gesamten schmerzhaften Reise weder gegessen noch getrunken.
Бък нито яде, нито пи през цялото мъчително пътуване.
Als die Expressboten versuchten, sich ihm zu nähern, knurrte er.
Когато куриерите се опитаха да се приближат до него, той изръмжа.

Sie reagierten, indem sie ihn verspotteten und grausam hänselten.
Те отговориха, като му се подиграваха и го дразнеха жестоко.
Buck warf sich schäumend und zitternd gegen die Gitterstäbe
Бък се хвърли върху решетките, разпенен и трепереш
Sie lachten laut und verspotteten ihn wie Schulhofschläger.
Те се смееха шумно и му се подиграваха като училищни побойници.
Sie bellten wie falsche Hunde und wedelten mit den Armen.
Те лаеха като фалшиви кучета и размахваха ръце.
Sie krähten sogar wie Hähne, nur um ihn noch mehr aufzuregen.
Те дори пееха като петли, само за да го разстроят още повече.
Es war dummes Verhalten und Buck wusste, dass es lächerlich war.
Това беше глупаво поведение и Бък знаеше, че е нелепо.
Doch das verstärkte seine Empörung und Scham nur noch.
Но това само задълбочи чувството му на възмущение и срам.
Der Hunger plagte ihn während der Reise kaum.
Не го притесняваше особено гладът по време на пътуването.
Doch der Durst brachte starke Schmerzen und unerträgliches Leiden mit sich.
Но жаждата носеше остра болка и непоносимо страдание.
Sein trockener, entzündeter Hals und seine Zunge brannten vor Hitze.
Сухото му, възпалено гърло и език горяха от топлина.
Dieser Schmerz schürte das Fieber, das in seinem stolzen Körper aufstieg.
Тази болка подхранваше треската, която се надигаше в гордото му тяло.
Buck war während dieses Prozesses für eine einzige Sache dankbar.

Бък беше благодарен за едно-единствено нещо по време на това изпитание.
Das Seil um seinen dicken Hals war entfernt worden.
Въжето беше свалено от дебелия му врат.
Das Seil hatte diesen Männern einen unfairen und grausamen Vorteil verschafft.
Въжето беше дало на тези мъже несправедливо и жестоко предимство.
Jetzt war das Seil weg und Buck schwor, dass es nie wieder zurückkommen würde.
Сега въжето го нямаше и Бък се закле, че никога няма да се върне.
Er beschloss, sich nie wieder ein Seil um den Hals legen zu lassen.
Той реши никога повече да не увие въже около врата си.
Zwei lange Tage und Nächte litt er ohne Essen.
В продължение на два дълги дни и нощи той страдаше без храна.
Und in diesen Stunden baute sich in ihm eine enorme Wut auf.
И в тези часове той натрупа в себе си огромна ярост.
Seine Augen wurden vor ständiger Wut blutunterlaufen und wild.
Очите му станаха кръвясали и диви от постоянен гняв.
Er war nicht mehr Buck, sondern ein Dämon mit schnappenden Kiefern.
Той вече не беше Бък, а демон със щракащи челюсти.
Nicht einmal der Richter hätte dieses verrückte Wesen erkannt.
Дори Съдията не би познал това лудо същество.
Die Expressboten atmeten erleichtert auf, als sie Seattle erreichten
Куриерите въздъхнаха с облекчение, когато стигнаха до Сиатъл
Vier Männer hoben die Kiste hoch und brachten sie in einen Hinterhof.

Четирима мъже вдигнаха сандъка и го занесоха в задния двор.
Der Hof war klein und von hohen, massiven Mauern umgeben.
Дворът беше малък, ограден с високи и солидни стени.
Ein großer Mann in einem ausgeleierten roten Pullover kam heraus.
Едър мъж излезе с увиснала червена риза-пуловер.
Mit dicker, kühner Handschrift unterschrieb er das Lieferbuch.
Той подписа книгата за доставки с дебел и дебел почерк.
Buck spürte sofort, dass dieser Mann sein nächster Peiniger war.
Бък веднага усети, че този мъж е следващият му мъчител.
Er stürzte sich heftig auf die Gitterstäbe, die Augen rot vor Wut.
Той се нахвърли яростно върху решетките, очите му бяха зачервени от ярост.
Der Mann lächelte nur finster und holte ein Beil.
Мъжът само се усмихна мрачно и отиде да донесе брадва.
Er brachte auch eine Keule in seiner dicken und starken rechten Hand mit.
Той също така донесе тояга в дебелата си и силна дясна ръка.
„Wollen Sie ihn jetzt rausholen?", fragte der Fahrer besorgt.
— Ще го изведеш ли сега? — попита загрижено шофьорът.
„Sicher", sagte der Mann und rammte das Beil als Hebel in die Kiste.
— Разбира се — каза мъжът, забивайки брадвичката в сандъка като лост.
Die vier Männer stoben sofort auseinander und sprangen auf die Hofmauer.
Четиримата мъже се разпръснаха мигновено, скачайки върху стената на двора.
Von ihren sicheren Plätzen oben warteten sie, um das Spektakel zu beobachten.

От безопасните си места горе те чакаха да наблюдават зрелището.
Buck stürzte sich auf das zersplitterte Holz, biss und zitterte heftig.
Бък се нахвърли върху разцепеното дърво, хапейки и треперейки яростно.
Jedes Mal, wenn die Axt den Käfig traf, war Buck da, um ihn anzugreifen.
Всеки път, когато брадвата удряше клетката, Бък беше там, за да я атакува.
Er knurrte und schnappte vor wilder Wut und wollte unbedingt freigelassen werden.
Той ръмжеше и щракаше с дива ярост, нетърпелив да бъде освободен.
Der Mann draußen war ruhig und gelassen und konzentrierte sich auf seine Aufgabe.
Мъжът отвън беше спокоен и уравновесен, съсредоточен върху задачата си.
„Also gut, du rotäugiger Teufel", sagte er, als das Loch groß war.
— Добре тогава, червенооки дяволче — каза той, когато дупката стана голяма.
Er ließ das Beil fallen und nahm die Keule in die rechte Hand.
Той хвърли брадвата и взе тоягата в дясната си ръка.
Buck sah wirklich aus wie ein Teufel; seine Augen blutunterlaufen und lodernd.
Бък наистина приличаше на дявол; очи кръвясали и пламтящи.
Sein Fell sträubte sich, Schaum stand ihm vor dem Mund, seine Augen funkelten.
Козината му настръхна, пяна се издигна от устата му, очите му блестяха.
Er spannte seine Muskeln an und sprang direkt auf den roten Pullover zu.
Той стегна мускули и се хвърли право към червения пуловер.

Hundertvierzig Pfund Wut prasselten auf den ruhigen Mann zu.
Сто и четиридесет паунда ярост полетяха към спокойния мъж.
Kurz bevor er die Zähne zusammenbiss, traf ihn ein schrecklicher Schlag.
Точно преди челюстите му да се стиснат, го удари ужасен удар.
Seine Zähne schnappten zusammen, nur Luft war im Spiel.
Зъбите му щракнаха само във въздуха
ein Schmerz durchfuhr seinen Körper
пронизителна болка прониза тялото му
Er machte einen Überschlag in der Luft und stürzte auf dem Rücken und der Seite zu Boden.
Той се преобърна във въздуха и се срина по гръб и настрани.
Er hatte noch nie zuvor einen Knüppelschlag gespürt und konnte ihn nicht begreifen.
Никога преди не беше усещал удар с тояга и не можеше да го схване.
Mit einem kreischenden Knurren, das teils Bellen, teils Schreien war, sprang er erneut.
С пронизително ръмжене, отчасти лай, отчасти писък, той скочи отново.
Ein weiterer brutaler Schlag traf ihn und schleuderte ihn zu Boden.
Още един жесток удар го удари и го хвърли на земята.
Diesmal verstand Buck – es war die schwere Keule des Mannes.
Този път Бък разбра — това беше тежката тояга на мъжа.
Doch die Wut machte ihn blind, und an einen Rückzug dachte er nicht.
Но яростта го заслепи и той не помисли за отстъпление.
Zwölfmal stürzte er sich in die Luft, und zwölfmal fiel er.
Дванадесет пъти се хвърли и дванадесет пъти падна.
Der Holzknüppel traf ihn jedes Mal mit unbarmherziger, vernichtender Kraft.

Дървената тояга го разбиваше всеки път с безмилостна, смазваща сила.

Nach einem heftigen Schlag kam er benommen und langsam wieder auf die Beine.
След един силен удар, той се изправи на крака, замаян и бавен.

Blut lief aus seinem Mund, seiner Nase und sogar seinen Ohren.
Кръв течеше от устата, носа и дори ушите му.

Sein einst so schönes Fell war mit blutigem Schaum verschmiert.
Някогашното му красиво палто беше оцапано с кървава пяна.

Dann trat der Mann vor und versetzte ihm einen heftigen Schlag auf die Nase.
Тогава мъжът се изправи и нанесе жесток удар в носа.

Die Qualen waren schlimmer als alles, was Buck je gespürt hatte.
Агонията беше по-силна от всичко, което Бък някога беше изпитвал.

Mit einem Brüllen, das eher an ein Tier als an einen Hund erinnerte, sprang er erneut zum Angriff.
С рев, по-скоро зверски, отколкото кучешки, той отново скочи, за да атакува.

Doch der Mann packte seinen Unterkiefer und drehte ihn nach hinten.
Но мъжът хвана долната му челюст и я изви назад.

Buck überschlug sich kopfüber und stürzte erneut hart auf den Boden.
Бък се преобърна с главата надолу и отново се срина силно.

Ein letztes Mal stürmte Buck auf ihn zu, jetzt konnte er kaum noch stehen.
За последен път Бък се нахвърли върху него, едва издържайки на краха.

Der Mann schlug mit perfektem Timing zu und versetzte den letzten Schlag.

Мъжът удари с експертно прецизно преценяване на времето, нанасяйки последния удар.

Buck brach bewusstlos und regungslos zusammen.

Бък се строполи на купчина, в безсъзнание и неподвижен.

„Er ist kein Stümper im Hundezähmen, das sage ich", rief ein Mann.

„Не е никак слаб в обучаването на кучета, това казвам аз", извика един мъж.

„Druther kann den Willen eines Hundes an jedem Tag der Woche brechen."

„Друтер може да пречупи волята на куче по всяко време на седмицата."

„Und zweimal an einem Sonntag!", fügte der Fahrer hinzu.

„И два пъти в неделя!", добави шофьорът.

Er stieg in den Wagen und ließ die Zügel knacken, um loszufahren.

Той се качи в каруцата и дръпна юздите, за да тръгне.

Buck erlangte langsam die Kontrolle über sein Bewusstsein zurück

Бък бавно възвърна контрола над съзнанието си

aber sein Körper war noch zu schwach und gebrochen, um sich zu bewegen.

но тялото му все още беше твърде слабо и съкрушено, за да се движи.

Er blieb liegen, wo er hingefallen war, und beobachtete den Mann im roten Pullover.

Той лежеше там, където беше паднал, и наблюдаваше мъжа с червен пуловер.

„Er hört auf den Namen Buck", sagte der Mann und las laut vor.

— Откликва на името Бък — каза мъжът, четейки на глас.

Er zitierte aus der Notiz und den Einzelheiten, die mit Bucks Kiste geschickt wurden.

Той цитира бележката, изпратена със сандъка на Бък, и подробностите.

„Also, Buck, mein Junge", fuhr der Mann freundlich fort,

— Е, Бък, момчето ми — продължи мъжът с приятелски тон,

„Wir hatten unseren kleinen Streit, und jetzt ist es zwischen uns vorbei."

„Скарахме се малко и сега всичко между нас приключи."

„Sie haben Ihren Platz kennengelernt und ich habe meinen kennengelernt", fügte er hinzu.

„Ти си научил мястото си, а аз научих моето", добави той.

„Sei brav, dann wird alles gut und das Leben wird angenehm sein."

„Бъди добър и всичко ще бъде наред, а животът ще бъде приятен."

„Aber wenn du böse bist, schlage ich dir die Seele aus dem Leib, verstanden?"

„Но ако бъдеш лош, ще те пребия от бой, разбираш ли?"

Während er sprach, streckte er die Hand aus und tätschelte Bucks schmerzenden Kopf.

Докато говореше, той протегна ръка и потупа болната глава на Бък.

Bucks Haare stellten sich bei der Berührung des Mannes auf, aber er wehrte sich nicht.

Косата на Бък се надигна от докосването на мъжа, но той не се съпротивляваше.

Der Mann brachte ihm Wasser, das Buck in großen Schlucken trank.

Мъжът му донесе вода, която Бък изпи на големи глътки.

Dann kam rohes Fleisch, das Buck Stück für Stück verschlang.

След това дойде сурово месо, което Бък поглъщаше парче по парче.

Er wusste, dass er geschlagen war, aber er wusste auch, dass er nicht gebrochen war.

Той знаеше, че е победен, но знаеше също, че не е съкрушен.

Gegen einen mit einer Keule bewaffneten Mann hatte er keine Chance.

Той нямаше никакъв шанс срещу мъж, въоръжен с тояга.

Er hatte die Wahrheit erfahren und diese Lektion nie vergessen.
Той беше научил истината и никога не забрави този урок.
Diese Waffe war der Beginn des Gesetzes in Bucks neuer Welt.
Това оръжие беше началото на закона в новия свят на Бък.
Es war der Beginn einer harten, primitiven Ordnung, die er nicht leugnen konnte.
Това беше началото на един суров, примитивен ред, който той не можеше да отрече.
Er akzeptierte die Wahrheit; seine wilden Instinkte waren nun erwacht.
Той прие истината; дивите му инстинкти сега бяха будни.
Die Welt war härter geworden, aber Buck stellte sich ihr tapfer.
Светът беше станал по-суров, но Бък смело се изправи срещу него.
Er begegnete dem Leben mit neuer Vorsicht, List und stiller Stärke.
Той посрещна живота с нова предпазливост, хитрост и тиха сила.
Weitere Hunde kamen an, an Seilen oder in Kisten festgebunden, so wie Buck.
Пристигнаха още кучета, вързани с въжета или сандъци, както беше Бък.
Einige Hunde kamen ruhig, andere tobten und kämpften wie wilde Tiere.
Някои кучета идваха спокойно, други беснееха и се бореха като диви зверове.
Sie alle wurden der Herrschaft des Mannes im roten Pullover unterworfen.
Всички те бяха подчинени на властта на мъжа с червения пуловер.
Jedes Mal sah Buck zu und sah, wie sich ihm die gleiche Lektion erschloss.
Всеки път Бък наблюдаваше и виждаше как се разгръща един и същ урок.

Der Mann mit der Keule war das Gesetz, ein Herr, dem man gehorchen musste.
Мъжът с тоягата беше закон; господар, на когото трябва да се подчинява.
Er musste nicht gemocht werden, aber man musste ihm gehorchen.
Нямаше нужда да бъде харесван, но трябваше да му се подчиняват.
Buck schmeichelte oder wedelte nie mit dem Schwanz, wie es die schwächeren Hunde taten.
Бък никога не се подмазваше, нито махаше с ръце, както правеха по-слабите кучета.
Er sah Hunde, die geschlagen wurden und trotzdem die Hand des Mannes leckten.
Той видя кучета, които бяха бити, и въпреки това облизваха ръката на мъжа.
Er sah einen Hund, der überhaupt nicht gehorchte oder sich unterwarf.
Той видя едно куче, което изобщо не се подчиняваше, нито пък се покоряваше.
Dieser Hund kämpfte, bis er im Kampf um die Kontrolle getötet wurde.
Това куче се бори, докато не беше убито в битката за контрол.
Manchmal kamen Fremde, um den Mann im roten Pullover zu sehen.
Понякога непознати идваха да видят мъжа с червен пуловер.
Sie sprachen in seltsamem Ton, flehten, feilschten und lachten.
Те говореха със странен тон, умоляваха, пазаряха се и се смееха.
Als das Geld ausgetauscht wurde, gingen sie mit einem oder mehreren Hunden.
Когато се разменяха пари, те си тръгваха с едно или повече кучета.

Buck fragte sich, wohin diese Hunde gingen, denn keiner kam jemals zurück.
Бък се зачуди къде са отишли тези кучета, защото никое никога не се е връщало.
Angst vor dem Unbekannten erfüllte Buck jedes Mal, wenn ein fremder Mann kam
Страхът от неизвестното изпълваше Бък всеки път, когато се появяваше непознат мъж.
Er war jedes Mal froh, wenn ein anderer Hund mitgenommen wurde und nicht er selbst.
Той се радваше всеки път, когато отвличаха друго куче, а не него самия.
Doch schließlich kam Buck an die Reihe, als ein fremder Mann eintraf.
Но най-накрая дойде ред на Бък с появата на един странен мъж.
Er war klein, drahtig und sprach gebrochenes Englisch und fluchte.
Той беше дребен, жилав и говореше на развален английски и ругаеше.
„Heilig!", schrie er, als er Bucks Gestalt erblickte.
„Сакредам!" извика той, когато зърна тялото на Бък.
„Das ist aber ein verdammter Rüpel! Wie viel?", fragte er laut.
„Това е едно проклето куче-таксист! А? Колко?" попита той на глас.
„Dreihundert, und für diesen Preis ist er ein Geschenk."
„Триста, а на тази цена е подарък."
„Da es sich um staatliche Gelder handelt, sollten Sie sich nicht beschweren, Perrault."
„Тъй като това са държавни пари, не бива да се оплакваш, Перо."
Perrault grinste über den Deal, den er gerade mit dem Mann gemacht hatte.
Перо се ухили на сделката, която току-що беше сключил с мъжа.

Aufgrund der plötzlichen Nachfrage waren die Preise für Hunde in die Höhe geschossen.
Цената на кучетата се беше покачила рязко поради внезапното търсене.
Dreihundert Dollar waren für so ein tolles Tier nicht unfair.
Триста долара не бяха несправедливи за такъв хубав звяр.
Die kanadische Regierung würde bei dem Abkommen nichts verlieren
Канадското правителство няма да загуби нищо от сделката
Auch ihre offiziellen Depeschen würden während des Transports nicht verzögert.
Нито пък официалните им пратки биха се забавили при транспортиране.
Perrault kannte sich gut mit Hunden aus und erkannte, dass Buck etwas Seltenes war.
Перо познаваше добре кучетата и можеше да види, че Бък е нещо рядко срещано.
„Einer von zehntausend", dachte er, als er Bucks Körperbau betrachtete.
„Едно на десет десет хиляди", помисли си той, докато изучаваше телосложението на Бък.
Buck sah, wie das Geld den Besitzer wechselte, zeigte sich jedoch nicht überrascht.
Бък видя как парите сменят собственика си, но не показа изненада.
Bald wurden er und Curly, ein sanfter Neufundländer, weggeführt.
Скоро той и Кърли, кротък нюфаундленд, бяха отведени.
Sie folgten dem kleinen Mann aus dem Hof des roten Pullovers.
Те последваха дребния мъж от двора на червения пуловер.
Das war das letzte Mal, dass Buck den Mann mit der Holzkeule sah.
Това беше последният път, когато Бък видя човека с дървената тояга.
Vom Deck der Narwhal aus beobachtete er, wie Seattle in der Ferne verschwand.

От палубата на „Нарвал" той наблюдаваше как Сиатъл се изгубва в далечината.
Es war auch das letzte Mal, dass er das warme Südland sah.
Това беше и последният път, когато видя топлата Южна земя.
Perrault brachte sie unter Deck und ließ sie bei François zurück.
Перо ги заведе под палубата и ги остави с Франсоа.
François war ein Riese mit schwarzem Gesicht und rauen, schwieligen Händen.
Франсоа беше чернолик гигант с груби, мазолести ръце.
Er war dunkelhäutig und hatte eine dunkle Hautfarbe, ein französisch-kanadischer Mischling.
Той беше тъмен и мургав; полукръвен френско-канадец.
Für Buck waren diese Männer von einer Art, die er noch nie zuvor gesehen hatte.
За Бък тези мъже бяха от вид, каквито никога преди не беше виждал.
Er würde in den kommenden Tagen viele solcher Männer kennenlernen.
В идните дни щеше да се запознае с много такива мъже.
Er konnte sie zwar nicht lieb gewinnen, aber er begann, sie zu respektieren.
Той не ги привлякъл, но започнал да ги уважава.
Sie waren fair und weise und ließen sich von keinem Hund so leicht täuschen.
Те бяха справедливи и мъдри и не се подвеждаха лесно от никое куче.
Sie beurteilten Hunde ruhig und bestraften sie nur, wenn es angebracht war.
Те съдеха кучетата спокойно и наказваха само когато бяха заслужени.
Im Unterdeck der Narwhal trafen Buck und Curly zwei Hunde.
В долната палуба на „Нарвал" Бък и Кърли срещнали две кучета.

Einer war ein großer weißer Hund aus dem fernen, eisigen Spitzbergen.
Едното беше голямо бяло куче от далечен, леден Шпицберген.
Er war einmal mit einem Walfänger gesegelt und hatte sich einer Erkundungsgruppe angeschlossen.
Веднъж беше плавал с китоловен кораб и се беше присъединил към изследователска група.
Er war auf eine schlaue, hinterhältige und listige Art freundlich.
Той беше дружелюбен по хитър, подъл и хитър начин.
Bei ihrer ersten Mahlzeit stahl er ein Stück Fleisch aus Bucks Pfanne.
На първото им хранене той открадна парче месо от тигана на Бък.
Buck sprang, um ihn zu bestrafen, aber François' Peitsche schlug zuerst zu.
Бък скочи да го накаже, но камшикът на Франсоа го удари пръв.
Der weiße Dieb schrie auf und Buck holte sich den gestohlenen Knochen zurück.
Белият крадец извика и Бък си взе обратно откраднатата кост.
Diese Fairness beeindruckte Buck und François verdiente sich seinen Respekt.
Тази справедливост впечатли Бък и Франсоа спечели уважението му.
Der andere Hund grüßte nicht und wollte auch nichts zurück.
Другото куче не поздрави и не поиска поздрав в замяна.
Er stahl weder Essen noch beschnüffelte er die Neuankömmlinge interessiert.
Той не крадеше храна, нито пък подушваше с интерес новодошлите.
Dieser Hund war grimmig und ruhig, düster und bewegte sich langsam.

Това куче беше мрачно и тихо, мрачно и бавно движещо се.

Er warnte Curly, sich fernzuhalten, indem er sie einfach anstarrte.

Той предупреди Кърли да стои настрана, като просто я изгледа свирепо.

Seine Botschaft war klar: Lass mich in Ruhe, sonst gibt es Ärger.

Посланието му беше ясно: оставете ме на мира или ще има проблеми.

Er hieß Dave und nahm seine Umgebung kaum wahr.

Казваше се Дейв и едва забелязваше обкръжението си.

Er schlief oft, aß ruhig und gähnte ab und zu.

Той спеше често, ядеше тихо и се прозяваше от време на време.

Das Schiff summte ständig, während unten der Propeller schlug.

Корабът бръмчеше непрекъснато, а витлото биеше отдолу.

Die Tage vergingen, ohne dass sich viel änderte, aber das Wetter wurde kälter.

Дните минаваха с малка промяна, но времето ставаше по-студено.

Buck spürte es in seinen Knochen und bemerkte, dass es den anderen genauso ging.

Бък го усещаше в костите си и забеляза, че и другите го усещат.

Dann blieb eines Morgens der Propeller stehen und alles war still.

Тогава една сутрин витлото спря и всичко замлъкна.

Eine Energie durchströmte das Schiff; etwas hatte sich verändert.

Енергия премина през кораба; нещо се беше променило.

François kam herunter, legte ihnen die Leinen an und brachte sie hoch.

Франсоа слезе долу, завърза ги на каишки и ги изведе горе.

Buck stieg aus und fand den Boden weich, weiß und kalt.
Бък излезе и откри, че земята е мека, бяла и студена.
Er sprang erschrocken zurück und schnaubte völlig verwirrt.
Той отскочи назад разтревожен и изсумтя напълно объркано.
Seltsames weißes Zeug fiel vom grauen Himmel.
Странни бели неща падаха от сивото небе.
Er schüttelte sich, aber die weißen Flocken landeten immer wieder auf ihm.
Той се разтърси, но белите слюнки продължаваха да кацат върху него.
Er roch vorsichtig an dem weißen Zeug und leckte an ein paar eisigen Stückchen.
Той внимателно подуши бялото вещество и облиза няколко ледени парченца.
Das Pulver brannte wie Feuer und verschwand dann einfach von seiner Zunge.
Прахът гореше като огън, след което изчезна от езика му.
Buck versuchte es noch einmal und war verwirrt über die seltsame, verschwindende Kälte.
Бък опита отново, озадачен от странната изчезваща студенина.
Die Männer um ihn herum lachten und Buck war verlegen.
Мъжете около него се засмяха и Бък се почувства неудобно.
Er wusste nicht warum, aber er schämte sich für seine Reaktion.
Не знаеше защо, но се срамуваше от реакцията си.
Es war seine erste Erfahrung mit Schnee und es verwirrte ihn.
Това беше първият му опит със сняг и това го обърка.

Das Gesetz von Keule und Fang
Законът на палицата и зъба

Bucks erster Tag am Strand von Dyea fühlte sich wie ein schrecklicher Albtraum an.
Първият ден на Бък на плажа Дайя се стори като ужасен кошмар.
Jede Stunde brachte neue Schocks und unerwartete Veränderungen für Buck.
Всеки час носеше нови шокове и неочаквани промени за Бък.
Er war aus der Zivilisation gerissen und ins wilde Chaos gestürzt worden.
Той беше изтръгнат от цивилизацията и хвърлен в див хаос.
Dies war kein sonniges, faules Leben mit Langeweile und Ruhe.
Това не беше слънчев, мързелив живот със скука и почивка.
Es gab keinen Frieden, keine Ruhe und keinen Moment ohne Gefahr.
Нямаше мир, нямаше почивка и нямаше миг без опасност.
Überall herrschte Verwirrung und die Gefahr war immer in der Nähe.
Объркването цареше навсякъде, а опасността винаги беше наблизо.
Buck musste wachsam bleiben, denn diese Männer und Hunde waren anders.
Бък трябваше да бъде нащрек, защото тези мъже и кучета бяха различни.
Sie kamen nicht aus der Stadt, sie waren wild und gnadenlos.
Те не бяха от градове; бяха диви и безмилостни.
Diese Männer und Hunde kannten nur das Gesetz der Keule und der Reißzähne.

Тези мъже и кучета познаваха само закона на тоягата и зъба.
Buck hatte noch nie Hunde so kämpfen sehen wie diese wilden Huskys.
Бък никога не беше виждал кучета да се бият така, както тези свирепи хъскита.
Seine erste Erfahrung lehrte ihn eine Lektion, die er nie vergessen würde.
Първото му преживяване го научи на урок, който никога нямаше да забрави.
Er hatte Glück, dass er es nicht war, sonst wäre auch er gestorben.
Имаше късмет, че не беше той, иначе и той щеше да умре.
Curly war derjenige, der litt, während Buck zusah und lernte.
Кърли беше този, който страдаше, докато Бък наблюдаваше и се учеше.
Sie hatten ihr Lager in der Nähe eines aus Baumstämmen gebauten Ladens aufgeschlagen.
Бяха направили лагер близо до магазин, построен от трупи.
Curly versuchte, einem großen, wolfsähnlichen Husky gegenüber freundlich zu sein.
Кърли се опита да бъде приятелски настроен към голямо, подобно на вълк хъски.
Der Husky war kleiner als Curly, sah aber wild und böse aus.
Хъскито беше по-малко от Кърли, но изглеждаше диво и злобно.
Ohne Vorwarnung sprang er auf und schlug ihr ins Gesicht.
Без предупреждение той скочи и разпори лицето й.
Seine Zähne schnitten in einer Bewegung von ihrem Auge bis zu ihrem Kiefer.
Зъбите му се прорязаха от окото й до челюстта й с едно движение.
So kämpften Wölfe: Sie schlugen schnell zu und sprangen weg.

Ето как се биеха вълците - удряха бързо и отскачаха.
Aber es gab mehr zu lernen als nur diesen einen Angriff.
Но имаше още много неща за поука освен от тази единствена атака.
Dutzende Huskys stürmten herein und bildeten einen stillen Kreis.
Десетки хъскита се втурнаха и направиха безшумен кръг.
Sie schauten aufmerksam zu und leckten sich hungrig die Lippen.
Те наблюдаваха внимателно и облизваха устни от глад.
Buck verstand weder ihr Schweigen noch ihre begierigen Blicke.
Бък не разбираше нито мълчанието им, нито нетърпеливите им очи.
Curly stürzte sich ein zweites Mal auf den Husky, um ihn anzugreifen.
Кърли се втурна да атакува хъскито за втори път.
Mit einer kräftigen Bewegung seiner Brust warf er sie um.
Той използва гърдите си, за да я събори със силно движение.
Sie fiel auf die Seite und konnte nicht wieder aufstehen.
Тя падна настрани и не можа да се изправи отново.
Darauf hatten die anderen die ganze Zeit gewartet.
Това беше, което останалите чакаха през цялото време.
Die Huskies sprangen sie an und jaulten und knurrten wie wild.
Хъскитата скочиха върху нея, виейки и ръмжейки бясно.
Sie schrie, als sie unter einem Haufen Hunde begruben.
Тя крещеше, докато я заравяха под купчина кучета.
Der Angriff erfolgte so schnell, dass Buck vor Schreck erstarrte.
Атаката беше толкова бърза, че Бък замръзна на място от шок.
Er sah, wie Spitz die Zunge herausstreckte, als würde er lachen.
Той видя как Шпиц показа език по начин, който приличаше на смях.

François schnappte sich eine Axt und rannte direkt in die Hundegruppe hinein.
Франсоа грабна брадва и се втурна право в групата кучета.
Drei weitere Männer halfen mit Knüppeln, die Huskies zu vertreiben.
Трима други мъже използваха тояги, за да помогнат на хъскитата да прогонят.
In nur zwei Minuten war der Kampf vorbei und die Hunde waren verschwunden.
Само за две минути битката приключи и кучетата ги нямаше.
Curly lag tot im roten, zertrampelten Schnee, ihr Körper war zerfetzt.
Кърли лежеше мъртва в червения, утъпкан сняг, тялото ѝ беше разкъсано на парчета.
Ein dunkelhäutiger Mann stand über ihr und verfluchte die brutale Szene.
Тъмнокож мъж стоеше над нея и проклинаше жестоката сцена.
Die Erinnerung blieb bei Buck und verfolgte ihn nachts in seinen Träumen.
Споменът остана с Бък и го преследваше в сънищата през нощта.
So war es hier: keine Fairness, keine zweite Chance.
Така беше тук; без справедливост, без втори шанс.
Sobald ein Hund fiel, töteten die anderen ihn gnadenlos.
Щом куче паднеше, останалите го убиваха безмилостно.
Buck beschloss damals, dass er niemals zulassen würde, dass er fällt.
Тогава Бък реши, че никога няма да си позволи да падне.
Spitz streckte erneut die Zunge heraus und lachte über das Blut.
Шпиц отново показа език и се засмя на кръвта.
Von diesem Moment an hasste Buck Spitz aus vollem Herzen.
От този момент нататък Бък намрази Шпиц с цялото си сърце.

Bevor Buck sich von Curlys Tod erholen konnte, passierte etwas Neues.
Преди Бък да успее да се възстанови от смъртта на Кърли, се случи нещо ново.
François kam herüber und schnallte etwas um Bucks Körper.
Франсоа се приближи и завърза нещо около тялото на Бък.
Es war ein Geschirr wie das, das auf der Ranch für Pferde verwendet wurde.
Беше сбруя, подобна на тези, използвани за конете в ранчото.
Buck hatte gesehen, wie Pferde arbeiteten, und nun musste auch er arbeiten.
Както Бък беше виждал конете да работят, сега и той беше принуден да работи.
Er musste François auf einem Schlitten in den nahegelegenen Wald ziehen.
Трябваше да закара Франсоа с шейна в близката гора.
Anschließend musste er eine Ladung schweres Brennholz zurückziehen.
След това трябваше да издърпа назад товар от тежки дърва за огрев.
Buck war stolz und deshalb tat es ihm weh, wie ein Arbeitstier behandelt zu werden.
Бък беше горд, затова го болеше, че се отнасят с него като с работно животно.
Aber er war klug und versuchte nicht, gegen die neue Situation anzukämpfen.
Но той беше мъдър и не се опита да се бори с новата ситуация.
Er akzeptierte sein neues Leben und gab bei jeder Aufgabe sein Bestes.
Той прие новия си живот и даде най-доброто от себе си във всяка задача.
Alles an der Arbeit war ihm fremd und ungewohnt.
Всичко в работата му беше странно и непознато.

François war streng und verlangte unverzüglichen Gehorsam.
Франсоа беше строг и изискваше подчинение без забавяне.
Seine Peitsche sorgte dafür, dass jeder Befehl sofort befolgt wurde.
Камшикът му се грижеше всяка команда да се изпълнява едновременно.
Dave war der Schlittenführer, der Hund, der dem Schlitten hinter Buck am nächsten war.
Дейв беше кучето, което седеше най-близо до шейната зад Бък.
Dave biss Buck in die Hinterbeine, wenn er einen Fehler machte.
Дейв хапеше Бък по задните крака, ако той правеше грешка.
Spitz war der Leithund und in dieser Rolle geschickt und erfahren.
Шпиц беше водещото куче, умело и опитно в ролята.
Spitz konnte Buck nicht leicht erreichen, korrigierte ihn aber trotzdem.
Шпиц не можа лесно да достигне до Бък, но все пак го поправи.
Er knurrte barsch oder zog den Schlitten auf eine Art, die Buck etwas beibrachte.
Той ръмжеше грубо или дърпаше шейната по начин, който поучи Бък.
Durch dieses Training lernte Buck schneller, als alle erwartet hatten.
С това обучение Бък се учеше по-бързо, отколкото който и да е от тях очакваше.
Er hat hart gearbeitet und sowohl von François als auch von den anderen Hunden gelernt.
Той работеше усилено и се учеше както от Франсоа, така и от другите кучета.
Als sie zurückkamen, kannte Buck die wichtigsten Befehle bereits.
Когато се върнаха, Бък вече знаеше основните команди.

Von François hat er gelernt, beim Laut „ho" anzuhalten.
Той се научи да спира при звука на „хо" от Франсоа.
Er lernte, wann er den Schlitten ziehen und rennen musste.
Той научи кога трябва да тегли шейната и да бяга.
Er lernte, in den Kurven des Weges ohne Probleme weit abzubiegen.
Той се научи да завива широко на завоите по пътеката без проблем.
Er lernte auch, Dave auszuweichen, wenn der Schlitten schnell bergab fuhr.
Той също така се научи да избягва Дейв, когато шейната се спускаше бързо надолу.
„Das sind sehr gute Hunde", sagte François stolz zu Perrault.
„Те са много добри кучета", гордо каза Франсоа на Перо.
„Dieser Buck zieht wie der Teufel – ich bringe ihm das so schnell bei, wie ich nur kann."
„Този Бък дърпа страхотно — уча го най-бързо."

Später am Tag kam Perrault mit zwei weiteren Huskys zurück.
По-късно същия ден Перо се върна с още две хъскита.
Ihre Namen waren Billee und Joe und sie waren Brüder.
Казваха се Били и Джо и бяха братя.
Sie stammten von derselben Mutter, waren sich aber überhaupt nicht ähnlich.
Те произлизаха от една и съща майка, но изобщо не си приличаха.
Billee war gutmütig und zu allen sehr freundlich.
Били беше мила и прекалено дружелюбна с всички.
Joe war das Gegenteil – ruhig, wütend und immer am Knurren.
Джо беше точно обратното - тих, ядосан и винаги ръмжещ.
Buck begrüßte sie freundlich und blieb beiden gegenüber ruhig.
Бък ги поздрави приятелски и беше спокоен и с двамата.

Dave schenkte ihnen keine Beachtung und blieb wie üblich still.
Дейв не им обърна внимание и мълчеше както обикновено.
Um seine Dominanz zu demonstrieren, griff Spitz zuerst Billee und dann Joe an.
Шпиц атакува първо Били, а после Джо, за да покаже господството си.
Billee wedelte mit dem Schwanz und versuchte, freundlich zu Spitz zu sein.
Били махаше с опашка и се опитваше да бъде приятелски настроен към Шпиц.
Als das nicht funktionierte, versuchte er stattdessen wegzulaufen.
Когато това не се получи, той се опита да избяга.
Er weinte traurig, als Spitz ihn fest in die Seite biss.
Той се разплака тъжно, когато Шпиц го ухапа силно отстрани.
Aber Joe war ganz anders und ließ sich nicht einschüchtern.
Но Джо беше много различен и отказа да бъде тормозен.
Jedes Mal, wenn Spitz näher kam, drehte sich Joe schnell um, um ihm in die Augen zu sehen.
Всеки път, когато Шпиц се приближаваше, Джо се обръщаше бързо към него.
Sein Fell sträubte sich, seine Lippen kräuselten sich und seine Zähne schnappten wild.
Козината му настръхна, устните му се извиха, а зъбите му щракаха диво.
Joes Augen glänzten vor Angst und Wut und forderten Spitz heraus, zuzuschlagen.
Очите на Джо блестяха от страх и ярост, предизвиквайки Шпиц да удари.
Spitz gab den Kampf auf und wandte sich gedemütigt und wütend ab.
Шпиц се отказа от битката и се обърна, унижен и ядосан.
Er ließ seine Frustration an dem armen Billee aus und jagte ihn davon.

Той изля ядосанието си върху горкия Били и го прогони.
An diesem Abend fügte Perrault dem Team einen weiteren Hund hinzu.
Същата вечер Перо добави още едно куче към отбора.
Dieser Hund war alt, mager und mit Kampfnarben übersät.
Това куче беше старо, слабо и покрито с бойни белези.
Eines seiner Augen fehlte, doch das andere blitzte kraftvoll auf.
Едното му око липсваше, но другото светеше мощно.
Der neue Hund hieß Solleks, was „der Wütende" bedeutet.
Новото куче се казвало Солекс, което означавало Гневният.
Wie Dave verlangte Solleks nichts von anderen und gab nichts zurück.
Подобно на Дейв, Солекс не искаше нищо от другите и не даваше нищо в замяна.
Als Solleks langsam ins Lager ging, blieb sogar Spitz fern.
Когато Солекс бавно влезе в лагера, дори Шпиц остана настрана.
Er hatte eine seltsame Angewohnheit, die Buck unglücklicherweise entdeckte.
Той имаше странен навик, който Бък за нещастието не успя да открие.
Solleks hasste es, von der Seite angesprochen zu werden, auf der er blind war.
Солекс мразеше да го приближават от страната, където е сляп.
Buck wusste das nicht und machte diesen Fehler versehentlich.
Бък не знаеше това и направи тази грешка случайно.
Solleks wirbelte herum und versetzte Buck einen schnellen, tiefen Schlag auf die Schulter.
Солекс се завъртя и замахна дълбоко и бързо по рамото на Бък.
Von diesem Moment an kam Buck nie wieder in die Nähe von Solleks' blinder Seite.
От този момент нататък Бък никога не се приближаваше до сляпата страна на Солекс.

Für den Rest ihrer gemeinsamen Zeit gab es nie wieder Probleme.
Те никога повече не са имали проблеми до края на времето, което са били заедно.
Solleks wollte nur in Ruhe gelassen werden, wie der ruhige Dave.
Солекс искаше само да бъде оставен на мира, като тихия Дейв.
Doch Buck erfuhr später, dass jeder von ihnen ein anderes geheimes Ziel hatte.
Но по-късно Бък щеше да научи, че всеки от тях има друга тайна цел.
In dieser Nacht stand Buck vor einer neuen und beunruhigenden Herausforderung: Wie sollte er schlafen?
Същата нощ Бък се изправи пред ново и обезпокоително предизвикателство – как да спи.
Das Zelt leuchtete warm im Kerzenlicht auf dem schneebedeckten Feld.
Палатката светеше топло от светлината на свещи в заснеженото поле.
Buck ging hinein und dachte, er könnte sich dort wie zuvor ausruhen.
Бък влезе вътре, мислейки си, че може да си почине там както преди.
Aber Perrault und François schrien ihn an und warfen Pfannen.
Но Перо и Франсоа му се развикаха и хвърляха тигани.
Schockiert und verwirrt rannte Buck in die eisige Kälte hinaus.
Шокиран и объркан, Бък изтича навън в ледения студ.
Ein bitterkalter Wind stach ihm in die verletzte Schulter und ließ seine Pfoten erfrieren.
Силен вятър жилеше раненото му рамо и измръзваше лапите му.
Er legte sich in den Schnee und versuchte, im Freien zu schlafen.
Той легна в снега и се опита да спи на открито.

Doch die Kälte zwang ihn bald, heftig zitternd wieder aufzustehen.
Но студът скоро го принуди да се изправи отново, треперейки силно.
Er wanderte durch das Lager und versuchte, ein wärmeres Plätzchen zu finden.
Той се скиташе из лагера, опитвайки се да намери по-топло място.
Aber jede Ecke war genauso kalt wie die vorherige.
Но всеки ъгъл беше също толкова студен, колкото и предишния.
Manchmal sprangen ihn wilde Hunde aus der Dunkelheit an.
Понякога свирепи кучета скачаха върху него от тъмнината.
Buck sträubte sein Fell, fletschte die Zähne und knurrte warnend.
Бък настръхна, оголи зъби и изръмжа предупредително.
Er lernte schnell und die anderen Hunde zogen sich schnell zurück.
Той се учеше бързо и другите кучета бързо се отдръпваха.
Trotzdem hatte er keinen Platz zum Schlafen und keine Ahnung, was er tun sollte.
Въпреки това, той нямаше къде да спи и нямаше представа какво да прави.
Endlich kam ihm ein Gedanke: Er sollte nach seinen Teamkollegen sehen.
Накрая му хрумна една мисъл — да провери съотборниците си.
Er kehrte in ihre Gegend zurück und war überrascht, dass sie verschwunden waren.
Той се върнал в техния район и бил изненадан, че ги няма.
Erneut durchsuchte er das Lager, konnte sie jedoch immer noch nicht finden.
Той отново претърси лагера, но пак не можа да ги намери.
Er wusste, dass sie nicht im Zelt sein durften, sonst wäre er auch dort gewesen.

Знаеше, че не могат да бъдат в палатката, иначе и той щеше да е.
Wo also waren all die Hunde in diesem eisigen Lager geblieben?
И така, къде бяха отишли всички кучета в този замръзнал лагер?
Buck, kalt und elend, umrundete langsam das Zelt.
Бък, премръзнал и нещастен, бавно обикаляше около палатката.
Plötzlich sanken seine Vorderbeine in den weichen Schnee und er erschrak.
Внезапно предните му крака потънаха в мекия сняг и го стреснаха.
Etwas zappelte unter seinen Füßen und er sprang ängstlich zurück.
Нещо се изви под краката му и той отскочи назад от страх.
Er knurrte und fauchte, ohne zu wissen, was sich unter dem Schnee verbarg.
Той ръмжеше и изръмжаваше, без да знае какво се крие под снега.
Dann hörte er ein freundliches kleines Bellen, das seine Angst linderte.
Тогава чу приятелски тих лай, който облекчи страха му.
Er schnüffelte in der Luft und kam näher, um zu sehen, was verborgen war.
Той подуши въздуха и се приближи, за да види какво е скрито.
Unter dem Schnee lag, zu einer warmen Kugel zusammengerollt, der kleine Billee.
Под снега, свита на топла топка, лежеше малката Били.
Billee wedelte mit dem Schwanz und leckte Bucks Gesicht zur Begrüßung.
Били размаха опашка и облиза лицето на Бък, за да го поздрави.
Buck sah, wie Billee im Schnee einen Schlafplatz gebaut hatte.

Бък видя как Били си беше направила място за спане в снега.
Er hatte sich eingegraben und nutzte seine eigene Wärme, um sich warm zu halten.
Той се беше изкопал и използваше собствената си топлина, за да се стопли.
Buck hatte eine weitere Lektion gelernt – so schliefen die Hunde.
Бък беше научил още един урок — ето как спят кучетата.
Er suchte sich eine Stelle aus und begann, sein eigenes Loch in den Schnee zu graben.
Той избра място и започна да копае собствена дупка в снега.
Anfangs bewegte er sich zu viel und verschwendete Energie.
В началото се движеше твърде много и пилееше енергия.
Doch bald erwärmte sein Körper den Raum und er fühlte sich sicher.
Но скоро тялото му стопли пространството и той се почувства в безопасност.
Er rollte sich fest zusammen und schlief bald fest.
Той се сви плътно на кълбо и не след дълго заспа дълбоко.
Der Tag war lang und hart gewesen und Buck war erschöpft.
Денят беше дълъг и тежък, а Бък беше изтощен.
Er schlief tief und fest, obwohl seine Träume wild waren.
Той спеше дълбоко и удобно, макар че сънищата му бяха необуздани.
Er knurrte und bellte im Schlaf und wand sich im Traum.
Той ръмжеше и лаеше насън, въртейки се, докато сънуваше.

Buck wachte erst auf, als im Lager bereits Leben erwachte.
Бък не се събуди, докато лагерът вече не се оживи.
Zuerst wusste er nicht, wo er war oder was passiert war.
В началото не знаеше къде е или какво се е случило.
Über Nacht war Schnee gefallen und hatte seinen Körper vollständig begraben.

През нощта падна сняг и тялото му беше напълно затрупано.
Der Schnee umgab ihn von allen Seiten dicht.
Снегът го притискаше, плътно от всички страни.
Plötzlich durchfuhr eine Welle der Angst Bucks ganzen Körper.
Изведнъж вълна от страх премина през цялото тяло на Бък.
Es war die Angst, gefangen zu sein, eine Angst aus tiefen Instinkten.
Това беше страхът да не бъдат в капан, страх, произтичащ от дълбоки инстинкти.
Obwohl er noch nie eine Falle gesehen hatte, lebte die Angst in ihm.
Въпреки че никога не беше виждал капан, страхът живееше вътре в него.
Er war ein zahmer Hund, aber jetzt erwachten seine alten wilden Instinkte.
Той беше кротко куче, но сега старите му диви инстинкти се пробуждаха.
Bucks Muskeln spannten sich an und sein Fell stellte sich auf seinem ganzen Rücken auf.
Мускулите на Бък се стегнаха и козината му настръхна по целия гръб.
Er knurrte wild und sprang senkrecht durch den Schnee nach oben.
Той изръмжа свирепо и скочи право нагоре през снега.
Als er ins Tageslicht trat, flog Schnee in alle Richtungen.
Сняг летеше във всички посоки, когато той изскочи на дневна светлина.
Schon vor der Landung sah Buck das Lager vor sich ausgebreitet.
Още преди да кацне, Бък видя лагера, разпростиращ се пред него.
Er erinnerte sich auf einmal an alles vom Vortag.
Той си спомни всичко от предния ден, наведнъж.

Er erinnerte sich daran, wie er mit Manuel spazieren gegangen war und an diesem Ort gelandet war.
Той си спомни как се разхождаше с Мануел и как се озова на това място.
Er erinnerte sich daran, wie er das Loch gegraben hatte und in der Kälte eingeschlafen war.
Той си спомни как изкопа дупката и заспи в студа.
Jetzt war er wach und die wilde Welt um ihn herum war klar.
Сега беше буден и дивият свят около него беше ясен.
Ein Ruf von François begrüßte Bucks plötzliches Auftauchen.
Вик от Франсоа приветства внезапната поява на Бък.
„Was habe ich gesagt?", rief der Hundeführer Perrault laut zu.
— Какво казах? — извика високо кучетоводът на Перо.
„Dieser Buck lernt wirklich sehr schnell", fügte François hinzu.
„Този Бък със сигурност се учи бързо от всичко", добави Франсоа.
Perrault nickte ernst und war offensichtlich mit dem Ergebnis zufrieden.
Перо кимна сериозно, очевидно доволен от резултата.
Als Kurier für die kanadische Regierung beförderte er Depeschen.
Като куриер на канадското правителство, той носеше пратки.
Er war bestrebt, die besten Hunde für seine wichtige Mission zu finden.
Той беше нетърпелив да намери най-добрите кучета за важната си мисия.
Er war besonders erfreut, dass Buck nun Teil des Teams war.
Той се чувстваше особено доволен сега, когато Бък беше част от екипа.
Innerhalb einer Stunde kamen drei weitere Huskies zum Team hinzu.

В рамките на един час към отбора бяха добавени още три хъскита.
Damit betrug die Gesamtzahl der Hunde im Team neun.
Това доведе общия брой на кучетата в екипа до девет.
Innerhalb von fünfzehn Minuten lagen alle Hunde im Geschirr.
В рамките на петнадесет минути всички кучета бяха с хамути.
Das Schlittenteam schwang sich den Weg hinauf in Richtung Dyea Cañon.
Впрягът с шейни се изкачваше по пътеката към каньона Дайя.
Buck war froh, gehen zu können, auch wenn die Arbeit, die vor ihm lag, hart war.
Бък се радваше, че си тръгва, дори и работата да беше трудна.
Er stellte fest, dass er weder die Arbeit noch die Kälte besonders verabscheute.
Той откри, че не презира особено труда или студа.
Er war überrascht von der Begeisterung, die das gesamte Team erfüllte.
Той беше изненадан от нетърпението, което изпълваше целия екип.
Noch überraschender war die Veränderung, die bei Dave und Solleks vor sich ging.
Още по-изненадваща беше промяната, която настъпи с Дейв и Солекс.
Diese beiden Hunde waren völlig unterschiedlich, als sie ein Geschirr trugen.
Тези две кучета бяха напълно различни, когато бяха впрегнати.
Ihre Passivität und Sorglosigkeit waren völlig verschwunden.
Тяхната пасивност и липса на загриженост бяха напълно изчезнали.
Sie waren aufmerksam und aktiv und bestrebt, ihre Arbeit gut zu machen.

Те бяха бдителни, активни и нетърпеливи да си вършат добре работата.

Sie reagierten äußerst verärgert über alles, was zu Verzögerungen oder Verwirrung führte.

Те се дразнеха силно от всичко, което причиняваше забавяне или объркване.

Die harte Arbeit an den Zügeln stand im Mittelpunkt ihres gesamten Wesens.

Упоритата работа с юздите беше центърът на цялото им същество.

Das Schlittenziehen schien das Einzige zu sein, was ihnen wirklich Spaß machte.

Тегленето на шейна изглеждаше единственото нещо, на което наистина се наслаждаваха.

Dave war am Ende der Gruppe und dem Schlitten am nächsten.

Дейв беше най-отзад в групата, най-близо до самата шейна.

Buck landete vor Dave und Solleks zog an Buck vorbei.

Бък беше поставен пред Дейв, а Солекс изпревари Бък.

Die übrigen Hunde liefen in einer Reihe vorn.

Останалите кучета бяха наредени напред в колона по едно.

Die Führungsposition an der Spitze besetzte Spitz.

Водещата позиция отпред беше заета от Шпиц.

Buck war zur Einweisung zwischen Dave und Solleks platziert worden.

Бък беше поставен между Дейв и Солекс за инструкции.

Er lernte schnell und sie waren strenge und fähige Lehrer.

Той учеше бързо, а те бяха твърди и способни учители.

Sie ließen nie zu, dass Buck lange im Irrtum blieb.

Те никога не позволяваха на Бък да остане в грешка за дълго.

Sie erteilten ihre Lektionen, wenn nötig, mit scharfen Zähnen.

Те преподаваха уроците си с остри зъби, когато беше необходимо.

Dave war fair und zeigte eine ruhige, ernste Art von Weisheit.
Дейв беше справедлив и показваше тиха, сериозна мъдрост.
Er hat Buck nie ohne guten Grund gebissen.
Той никога не хапеше Бък без основателна причина за това.
Aber er hat es nie versäumt, zuzubeißen, wenn Buck eine Korrektur brauchte.
Но той никога не пропускаше да хапе, когато Бък се нуждаеше от корекция.
François' Peitsche war immer bereit und untermauerte ihre Autorität.
Камшикът на Франсоа винаги беше готов и подкрепяше авторитета им.
Buck merkte bald, dass es besser war zu gehorchen, als sich zu wehren.
Бък скоро откри, че е по-добре да се подчинява, отколкото да се съпротивлява.
Einmal verhedderte sich Buck während einer kurzen Pause in den Zügeln.
Веднъж, по време на кратка почивка, Бък се оплел в юздите.
Er verzögerte den Start und brachte die Bewegungen des Teams durcheinander.
Той забави старта и обърка движението на отбора.
Dave und Solleks stürzten sich auf ihn und verprügelten ihn brutal.
Дейв и Солекс се нахвърлиха върху него и го набиха жестоко.
Das Gewirr wurde nur noch schlimmer, aber Buck lernte seine Lektion.
Заплетеницата само се влоши, но Бък научи добре урока си.
Von da an hielt er die Zügel straff und arbeitete vorsichtig.
Оттогава нататък той държеше юздите опънати и работеше внимателно.

Bevor der Tag zu Ende war, hatte Buck einen Großteil seiner Aufgabe gemeistert.
Преди края на деня Бък беше усвоил голяма част от задачата си.
Seine Teamkollegen hörten fast auf, ihn zu korrigieren oder zu beißen.
Съотборниците му почти спряха да го поправят или хапят.
François' Peitsche knallte immer seltener durch die Luft.
Камшикът на Франсоа пукаше във въздуха все по-рядко.
Perrault hob sogar Bucks Füße an und untersuchte sorgfältig jede Pfote.
Перо дори повдигна краката на Бък и внимателно огледа всяка лапа.
Es war ein harter Tageslauf gewesen, lang und anstrengend für alle.
Беше тежък ден на бягане, дълъг и изтощителен за всички тях.
Sie reisten den Cañon hinauf, durch Sheep Camp und an den Scales vorbei.
Те пътуваха нагоре по каньона, през Овчия лагер и покрай Везните.
Sie überquerten die Baumgrenze, dann Gletscher und meterhohe Schneeverwehungen.
Те прекосиха границата на гората, после ледници и снежни преспи, дълбоки много фута.
Sie erklommen die große, kalte und unwirtliche Chilkoot-Wasserscheide.
Те изкачиха големия студен и застрашаващ Чилкут Дивейд.
Dieser hohe Bergrücken lag zwischen Salzwasser und dem gefrorenen Landesinneren.
Този висок хребет се извисяваше между солената вода и замръзналата вътрешност.
Die Berge bewachten den traurigen und einsamen Norden mit Eis und steilen Anstiegen.

Планините пазели тъжния и самотен Север с лед и стръмни изкачвания.
Sie kamen gut voran und erreichten eine lange Kette von Seen unterhalb der Wasserscheide.
Те се спуснаха добре по дълга верига от езера под вододела.
Diese Seen füllten die alten Krater erloschener Vulkane.
Тези езера са запълвали древните кратери на изгаснали вулкани.
Spät in der Nacht erreichten sie ein großes Lager am Lake Bennett.
Късно същата нощ те стигнаха до голям лагер на езерото Бенет.
Tausende Goldsucher waren dort und bauten Boote für den Frühling.
Хиляди златотърсачи бяха там, строяха лодки за пролетта.
Das Eis würde bald aufbrechen und sie mussten bereit sein.
Ледът скоро щеше да се разтопи и те трябваше да бъдат готови.
Buck grub sein Loch in den Schnee und fiel in einen tiefen Schlaf.
Бък изкопа дупката си в снега и заспа дълбоко.
Er schlief wie ein Arbeiter, erschöpft von einem harten Arbeitstag.
Той спеше като работещ човек, изтощен от тежкия ден на труда.
Doch zu früh wurde er in der Dunkelheit aus dem Schlaf gerissen.
Но твърде рано в тъмнината той беше изтръгнат от съня.
Er wurde wieder mit seinen Kumpels angeschirrt und vor den Schlitten gespannt.
Той отново беше впрегнат заедно с приятелите си и прикрепен към шейната.
An diesem Tag legten sie sechzig Kilometer zurück, weil der Schnee festgetreten war.
Този ден изминаха четиридесет мили, защото снегът беше добре утъпкан.

Am nächsten Tag und noch viele Tage danach war der Schnee weich.
На следващия ден, както и в продължение на много дни след това, снегът беше мек.
Sie mussten den Weg selbst bahnen, härter arbeiten und langsamer vorankommen.
Трябваше сами да си проправят пътеката, работейки по-усърдно и движейки се по-бавно.
Normalerweise ging Perrault mit Schwimmhäuten an den Schneeschuhen vor dem Team her.
Обикновено Перо вървеше пред впряга със снегоходки с ципести ...
Seine Schritte verdichteten den Schnee und erleichterten so die Fortbewegung des Schlittens.
Стъпките му утъпкваха снега, улеснявайки движението на шейната.
François, der vom Steuerstand aus steuerte, übernahm manchmal die Kontrolle.
Франсоа, който управляваше от кормилния прът, понякога поемаше управлението.
Aber es kam selten vor, dass François die Führung übernahm
Но рядко се случваше Франсоа да поема водеща роля
weil Perrault es eilig hatte, die Briefe und Pakete auszuliefern.
защото Перо бързал да достави писмата и пакетите.
Perrault war stolz auf sein Wissen über Schnee und insbesondere Eis.
Перо се гордееше с познанията си за снега, и особено за леда.
Dieses Wissen war von entscheidender Bedeutung, da das Eis im Herbst gefährlich dünn war.
Това знание беше от съществено значение, защото есенният лед беше опасно тънък.
Wo das Wasser unter der Oberfläche schnell floss, gab es überhaupt kein Eis.

Там, където водата течеше бързо под повърхността, изобщо нямаше лед.

Tag für Tag wiederholte sich endlos die gleiche Routine.
Ден след ден, една и съща рутина се повтаряше безкрайно.
Buck arbeitete unermüdlich von morgens bis abends in den Zügeln.
Бък се трудеше безкрайно с юздите от зори до вечер.
Sie verließen das Lager im Dunkeln, lange bevor die Sonne aufgegangen war.
Те напуснаха лагера по тъмно, много преди слънцето да е изгряло.
Als es Tag wurde, hatten sie bereits viele Kilometer zurückgelegt.
Когато се съмна, много километри вече бяха зад гърба им.
Sie schlugen ihr Lager nach Einbruch der Dunkelheit auf, aßen Fisch und gruben sich in den Schnee ein.
Те разпънаха лагера си след залез слънце, ядяха риба и се заравяха в снега.
Buck war immer hungrig und mit seiner Ration nie wirklich zufrieden.
Бък винаги беше гладен и никога не беше истински доволен от дажбата си.
Er erhielt jeden Tag anderthalb Pfund getrockneten Lachs.
Всеки ден получаваше половин килограм и половина сушена сьомга.
Doch das Essen schien in ihm zu verschwinden und ließ den Hunger zurück.
Но храната сякаш изчезна в него, оставяйки след себе си глада.
Er litt unter ständigem Hunger und träumte von mehr Essen.
Той страдаше от постоянни пристъпи на глад и мечтаеше за още храна.
Die anderen Hunde haben nur ein Pfund abgenommen, sind aber stark geblieben.
Другите кучета получиха само половин килограм храна, но останаха силни.

Sie waren kleiner und in das Leben im Norden hineingeboren.
Те бяха по-дребни и бяха родени в северния живот.
Er verlor rasch die Sorgfalt, die sein früheres Leben geprägt hatte.
Той бързо загуби педантичността, която беляза предишния му живот.
Er war ein gieriger Esser gewesen, aber jetzt war das nicht mehr möglich.
Той беше изискан ядец, но сега това вече не беше възможно.
Seine Kameraden waren zuerst fertig und raubten ihm seine noch nicht aufgegessene Ration.
Другарите му свършиха първи и го ограбиха от недояденета му дажба.
Als sie einmal damit anfingen, gab es keine Möglichkeit mehr, sein Essen vor ihnen zu verteidigen.
След като започнаха, нямаше начин да защити храната си от тях.
Während er zwei oder drei Hunde abwehrte, stahlen die anderen den Rest.
Докато той се бореше с две или три кучета, останалите откраднаха останалите.
Um dies zu beheben, begann er, so schnell zu essen wie die anderen.
За да поправи това, той започна да яде толкова бързо, колкото ядяха и останалите.
Der Hunger trieb ihn so sehr an, dass er sogar Essen zu sich nahm, das ihm nicht gehörte.
Гладът го тласкаше толкова силно, че дори взе храна, която не беше негова.
Er beobachtete die anderen und lernte schnell aus ihren Handlungen.
Той наблюдаваше останалите и бързо се учеше от действията им.
Er sah, wie Pike, ein neuer Hund, Perrault eine Scheibe Speck stahl.

Той видя как Пайк, ново куче, открадна резен бекон от Перо.
Pike hatte gewartet, bis Perrault sich umdrehte, um den Speck zu stehlen.
Пайк беше изчакал Перо да се обърне с гръб, за да открадне бекона.
Am nächsten Tag machte Buck es Pike nach und stahl das ganze Stück.
На следващия ден Бък копира Пайк и открадна цялото парче.
Es folgte ein großer Aufruhr, doch Buck wurde nicht verdächtigt.
Последва голяма врява, но Бък не беше заподозрян.
Stattdessen wurde Dub bestraft, ein tollpatschiger Hund, der immer erwischt wurde.
Дъб, тромаво куче, което винаги се хващаше, беше наказан вместо това.
Dieser erste Diebstahl machte Buck zu einem Hund, der in der Lage war, im Norden zu überleben.
Тази първа кражба бележи Бък като куче, годно да оцелее на Севера.
Er zeigte, dass er sich an neue Bedingungen anpassen und schnell lernen konnte.
Той показа, че може да се адаптира към нови условия и да се учи бързо.
Ohne diese Anpassungsfähigkeit wäre er schnell und auf schlimme Weise gestorben.
Без такава адаптивност, той щеше да умре бързо и тежко.
Es markierte auch den Zusammenbruch seiner moralischen Natur und seiner früheren Werte.
Това също така бележи разпадането на неговия морален характер и миналите му ценности.
Im Südland hatte er nach dem Gesetz der Liebe und Güte gelebt.
В Южната земя той беше живял под закона на любовта и добротата.

Dort war es sinnvoll, Eigentum und die Gefühle anderer Hunde zu respektieren.
Там имаше смисъл да се уважава собствеността и чувствата на другите кучета.

Aber das Nordland befolgte das Gesetz der Keule und das Gesetz der Reißzähne.
Но Северната земя следваше закона на тоягата и закона на зъба.

Wer hier alte Werte respektierte, war dumm und würde scheitern.
Който и да е уважавал старите ценности тук, е бил глупав и ще се провали.

Buck hat das alles nicht durchdacht.
Бък не обмисли всичко това наум.

Er war fit und passte sich daher an, ohne darüber nachdenken zu müssen.
Той беше във форма и затова се приспособи, без да е необходимо да мисли.

Sein ganzes Leben lang war er noch nie vor einem Kampf davongelaufen.
През целия си живот никога не беше бягал от бой.

Doch die Holzkeule des Mannes im roten Pullover änderte diese Regel.
Но дървената тояга на мъжа с червения пуловер промени това правило.

Jetzt folgte er einem tieferen, älteren Code, der in sein Wesen eingeschrieben war.
Сега той следваше един по-дълбок, по-древен код, вписан в съществото му.

Er stahl nicht aus Vergnügen, sondern aus Hunger.
Той не крадеше от удоволствие, а от болката на глада.

Er raubte nie offen, sondern stahl mit List und Sorgfalt.
Той никога не е грабил открито, а е крал с хитрост и внимание.

Er handelte aus Respekt vor der Holzkeule und aus Angst vor dem Fangzahn.

Той действаше от уважение към дървената тояга и от страх от зъба.
Kurz gesagt, er hat das getan, was einfacher und sicherer war, als es nicht zu tun.
Накратко, той направи това, което беше по-лесно и по-безопасно, отколкото да не го направи.
Seine Entwicklung – oder vielleicht seine Rückkehr zu alten Instinkten – verlief schnell.
Развитието му – или може би завръщането му към старите инстинкти – беше бързо.
Seine Muskeln verhärteten sich, bis sie sich stark wie Eisen anfühlten.
Мускулите му се втвърдиха, докато не се почувстваха здрави като желязо.
Schmerzen machten ihm nichts mehr aus, es sei denn, sie waren ernst.
Вече не го интересуваше болката, освен ако не беше сериозна.
Er wurde durch und durch effizient und verschwendete überhaupt nichts.
Той стана ефикасен отвътре и отвън, без да губи нищо.
Er konnte Dinge essen, die scheußlich, verdorben oder schwer verdaulich waren.
Той можеше да яде неща, които бяха отвратителни, гнили или трудни за смилане.
Was auch immer er aß, sein Magen verbrauchte das letzte bisschen davon.
Каквото и да ядеше, стомахът му използваше и последната частица ценност.
Sein Blut transportierte die Nährstoffe weit durch seinen kräftigen Körper.
Кръвта му разнасяше хранителните вещества надалеч през мощното му тяло.
Dadurch baute er starkes Gewebe auf, das ihm eine unglaubliche Ausdauer verlieh.
Това изгради здрави тъкани, които му дадоха невероятна издръжливост.

Sein Seh- und Geruchssinn wurden viel feiner als zuvor.
Зрението и обонянието му станаха много по-чувствителни от преди.
Sein Gehör wurde so scharf, dass er im Schlaf leise Geräusche wahrnehmen konnte.
Слухът му се изостри толкова много, че можеше да долавя слаби звуци дори насън.
In seinen Träumen wusste er, ob die Geräusche Sicherheit oder Gefahr bedeuteten.
В сънищата си той знаеше дали звуците означават безопасност или опасност.
Er lernte, mit den Zähnen auf das Eis zwischen seinen Zehen zu beißen.
Той се научи да гризе леда между пръстите на краката си със зъби.
Wenn ein Wasserloch zufror, brach er das Eis mit seinen Beinen.
Ако някой воден басейн замръзнеше, той чупеше леда с краката си.
Er bäumte sich auf und schlug mit seinen steifen Vorderbeinen hart auf das Eis.
Той се изправи на задните си крака и удари силно леда с вкочанените си предни крайници.
Seine bemerkenswerteste Fähigkeit war die Vorhersage von Windänderungen über Nacht.
Най-поразителната му способност беше да предсказва промените във вятъра през нощта.
Selbst bei Windstille suchte er sich windgeschützte Stellen aus.
Дори когато въздухът беше неподвижен, той избираше места, защитени от вятъра.
Wo auch immer er sein Nest grub, der Wind des nächsten Tages strich an ihm vorbei.
Където и да изкопаеше гнездото си, вятърът на следващия ден го подминаваше.
Er landete immer gemütlich und geschützt, in Lee der Brise.

Той винаги се озоваваше уютно и защитено, подветрено от вятъра.
Buck hat nicht nur durch Erfahrung gelernt – auch seine Instinkte sind zurückgekehrt.
Бък не само се учеше от опита — инстинктите му също се завърнаха.
Die Gewohnheiten der domestizierten Generationen begannen zu verschwinden.
Навиците на опитомените поколения започнаха да изчезват.
Er erinnerte sich vage an die alten Zeiten seiner Rasse.
По смътни начини той си спомняше древните времена на своята раса.
Er dachte an die Zeit zurück, als wilde Hunde in Rudeln durch die Wälder rannten.
Той си спомни за времето, когато дивите кучета тичаха на глутници през горите.
Sie hatten ihre Beute gejagt und getötet, während sie sie verfolgten.
Те бяха преследвали и убивали плячката си, докато я преследваха.
Buck lernte leicht, mit Biss und Schnelligkeit zu kämpfen.
За Бък беше лесно да се научи как да се бие със зъби и скорост.
Er verwendete Schnitte, Hiebe und schnelle Schnappschüsse, genau wie seine Vorfahren.
Той използваше порязвания, разрези и бързи щраквания точно както неговите предци.
Diese Vorfahren regten sich in ihm und erweckten seine wilde Natur.
Тези предци се раздвижиха в него и събудиха дивата му природа.
Ihre alten Fähigkeiten waren ihm durch die Blutlinie vererbt worden.
Старите им умения му бяха предадени по кръвна линия.
Ihre Tricks gehörten ihm nun, ohne dass er üben oder sich anstrengen musste.

Триковете им вече бяха негови, без нужда от практика или усилия.

In stillen, kalten Nächten hob Buck die Nase und heulte.
В тихите, студени нощи Бък вдигаше нос и виеше.
Er heulte lang und tief, so wie es die Wölfe vor langer Zeit getan hatten.
Той виеше дълго и дълбоко, както вълците бяха правили преди много време.
Durch ihn streckten seine toten Vorfahren ihre Nasen und heulten.
Чрез него мъртвите му предци сочеха носове и виеха.
Sie heulten durch die Jahrhunderte mit seiner Stimme und Gestalt.
Те виеха през вековете с неговия глас и форма.
Seine Kadenzen waren ihre, alte Schreie, die von Kummer und Kälte erzählten.
Неговите ритми бяха техни, стари викове, които разказваха за скръб и студ.
Sie sangen von Dunkelheit, Hunger und der Bedeutung des Winters.
Те пяха за тъмнината, за глада и за значението на зимата.
Buck bewies, wie das Leben von Kräften jenseits des eigenen Ichs geprägt wird.
Бък доказа как животът се оформя от сили извън самия него.
Das uralte Lied stieg durch Buck auf und ergriff seine Seele.
Древната песен се изпълни с Бък и завладя душата му.
Er fand sich selbst, weil Menschen im Norden Gold gefunden hatten.
Той се откри, защото мъже бяха намерили злато на север.
Und er fand sich selbst, weil Manuel, der Gärtnergehilfe, Geld brauchte.
И се озова, защото Мануел, помощникът на градинаря, се нуждаеше от пари.

Das dominante Urtier
Доминиращият първичен звяр

In Buck war das dominante Urtier so stark wie eh und je.
Доминиращият първичен звяр беше по-силен от всякога в Бък.
Doch das dominante Urtier hatte in ihm geschlummert.
Но доминиращият първичен звяр беше дремел в него.
Das Leben auf dem Trail war hart, aber es stärkte das Tier in Buck.
Животът по пътеките беше суров, но той засилваше зверството в Бък.
Insgeheim wurde das Biest von Tag zu Tag stärker.
Тайно звярът ставал все по-силен и по-силен с всеки изминал ден.
Doch dieses innere Wachstum blieb der Außenwelt verborgen.
Но този вътрешен растеж остана скрит за външния свят.
In Buck baute sich eine stille und ruhige Urkraft auf.
В Бък се зараждаше тиха и спокойна първична сила.
Neue Gerissenheit verlieh Buck Gleichgewicht, Ruhe und Selbstbeherrschung.
Новата хитрост даваше на Бък баланс, спокоен контрол и овладяване.
Buck konzentrierte sich sehr auf die Anpassung und fühlte sich nie völlig entspannt.
Бък се съсредоточи усилено върху адаптацията, без никога да се чувства напълно отпуснат.
Er ging Konflikten aus dem Weg, fing nie Streit an und suchte auch nie Ärger.
Той избягваше конфликти, никога не започваше кавги, нито търсеше проблеми.
Jede Bewegung von Buck war von langsamer, stetiger Nachdenklichkeit geprägt.
Бавна, постоянна замисленост оформяше всяко движение на Бък.

Er vermied überstürzte Entscheidungen und plötzliche, rücksichtslose Entschlüsse.
Той избягваше прибързаните избори и внезапните, безразсъдни решения.
Obwohl Buck Spitz zutiefst hasste, zeigte er ihm gegenüber keine Aggression.
Въпреки че Бък дълбоко мразеше Шпиц, той не показваше агресия към него.
Buck hat Spitz nie provoziert und sein Verhalten zurückhaltend gehalten.
Бък никога не провокираше Шпиц и държеше действията си сдържани.
Spitz hingegen spürte die wachsende Gefahr, die von Buck ausging.
Шпиц, от друга страна, усещаше нарастващата опасност у Бък.
Er sah in Buck eine Bedrohung und eine ernsthafte Herausforderung seiner Macht.
Той виждаше Бък като заплаха и сериозно предизвикателство за властта си.
Er nutzte jede Gelegenheit, um zu knurren und seine scharfen Zähne zu zeigen.
Той използваше всяка възможност да изръмжи и да покаже острите си зъби.
Er versuchte, den tödlichen Kampf zu beginnen, der bevorstand.
Той се опитваше да започне смъртоносната битка, която трябваше да предстои.
Schon zu Beginn der Reise wäre es beinahe zu einem Streit zwischen ihnen gekommen.
В началото на пътуването между тях почти избухна бой.
Doch ein unerwarteter Unfall verhinderte den Kampf.
Но неочакван инцидент предотврати битката.
An diesem Abend schlugen sie ihr Lager am bitterkalten Lake Le Barge auf.
Същата вечер те разпънаха лагера си на леденостуденото езеро Льо Барж.

Es schneite heftig und der Wind war schneidend wie ein Messer.
Снегът валеше силно, а вятърът режеше като нож.
Die Nacht war zu schnell hereingebrochen und Dunkelheit umgab sie.
Нощта беше настъпила твърде бързо и мракът ги обгръщаше.
Sie hätten sich kaum einen schlechteren Ort zum Ausruhen aussuchen können.
Едва ли биха могли да изберат по-лошо място за почивка.
Die Hunde suchten verzweifelt nach einem Platz zum Hinlegen.
Кучетата отчаяно търсеха място, където да легнат.
Hinter der kleinen Gruppe erhob sich steil eine hohe Felswand.
Висока скална стена се издигаше стръмно зад малката група.
Das Zelt wurde in Dyea zurückgelassen, um die Last zu erleichtern.
Палатката беше оставена в Дайя, за да облекчи товара.
Ihnen blieb nichts anderes übrig, als das Feuer auf dem Eis selbst zu machen.
Те нямаха друг избор, освен да запалят огъня на самия лед.
Sie breiten ihre Schlafmäntel direkt auf dem zugefrorenen See aus.
Те разпростряха спалните си дрехи директно върху замръзналото езеро.
Ein paar Stücke Treibholz gaben ihnen ein wenig Feuer.
Няколко пръчки плавей им дадоха малко огън.
Doch das Feuer wurde auf dem Eis entfacht und taute hindurch.
Но огънят беше запален върху леда и се разтопи през него.
Schließlich aßen sie ihr Abendessen im Dunkeln.
Накрая вечеряха в тъмното.
Buck rollte sich neben dem Felsen zusammen, geschützt vor dem kalten Wind.
Бък се сви до скалата, защитен от студения вятър.

Der Platz war so warm und sicher, dass Buck es hasste, wegzugehen.
Мястото беше толкова топло и безопасно, че Бък мразеше да се отдалечава.
Aber François hatte den Fisch aufgewärmt und verteilte die Rationen.
Но Франсоа беше затоплил рибата и раздаваше дажби.
Buck aß schnell fertig und ging zurück in sein Bett.
Бък бързо дояде и се върна в леглото си.
Aber Spitz lag jetzt dort, wo Buck sein Bett gemacht hatte.
Но Шпиц сега лежеше там, където Бък беше оправил леглото му.
Ein leises Knurren warnte Buck, dass Spitz sich weigerte, sich zu bewegen.
Тихо ръмжене предупреди Бък, че Шпиц отказва да помръдне.
Bisher hatte Buck diesen Kampf mit Spitz vermieden.
Досега Бък избягваше тази битка със Шпиц.
Doch tief in Bucks Innerem brach das Biest schließlich aus.
Но дълбоко в Бък звярът най-накрая се освободи.
Der Diebstahl seines Schlafplatzes war zu viel für ihn.
Кражбата на спалното му място беше твърде тежка за толериране.
Buck stürzte sich voller Wut und Zorn auf Spitz.
Бък се нахвърли върху Шпиц, изпълнен с гняв и ярост.
Bis jetzt hatte Spitz gedacht, Buck sei bloß ein großer Hund.
Доскоро Шпиц си мислеше, че Бък е просто голямо куче.
Er glaubte nicht, dass Buck durch seinen Geist überlebt hatte.
Той не вярваше, че Бък е оцелял благодарение на духа си.
Er erwartete Angst und Feigheit, nicht Wut und Rache.
Той очакваше страх и малодушие, а не ярост и отмъщение.
François starrte die beiden Hunde an, als sie aus dem zerstörten Nest stürmten.
Франсоа се взираше как и двете кучета изскочиха от разрушеното гнездо.

Er verstand sofort, was den wilden Kampf ausgelöst hatte.
Той веднага разбра какво е започнало дивата борба.
„Aa-ah!", rief François, um dem braunen Hund zuzujubeln.
„А-а!" – извика Франсоа в подкрепа на кафявото куче.
„Verprügelt ihn! Bei Gott, bestraft diesen hinterhältigen Dieb!"
„Набий го! За Бога, накажи този хитър крадец!"
Spitz zeigte gleichermaßen Bereitschaft und wilden Kampfeswillen.
Шпиц показа еднаква готовност и диво желание за бой.
Er schrie wütend auf, während er schnell im Kreis kreiste und nach einer Öffnung suchte.
Той извика от ярост, докато бързо кръжеше в търсене на пролука.
Buck zeigte den gleichen Kampfeshunger und die gleiche Vorsicht.
Бък показа същия глад за борба и същата предпазливост.
Auch er umkreiste seinen Gegner und versuchte, im Kampf die Oberhand zu gewinnen.
Той също обиколи противника си, опитвайки се да вземе надмощие в битката.
Dann geschah etwas Unerwartetes und veränderte alles.
Тогава се случи нещо неочаквано и промени всичко.
Dieser Moment verzögerte den letztendlichen Kampf um die Führung.
Този момент забави евентуалната борба за лидерство.
Bis zum Ende warteten noch viele Meilen voller Mühe und Anstrengung.
Много километри пътеки и борба все още чакаха преди края.
Perrault stieß einen Fluch aus, als eine Keule auf Knochen schlug.
Перо изруга, когато тояга се стовари върху кост.
Es folgte ein scharfer Schmerzensschrei, dann brach überall Chaos aus.
Последва остър вик на болка, след което хаос избухна навсякъде.

Dunkle Gestalten bewegten sich im Lager; wilde Huskys, ausgehungert und wild.
Тъмни силуети се движеха в лагера; диви хъскита, изгладнели и свирепи.

Vier oder fünf Dutzend Huskys hatten das Lager von weitem erschnüffelt.
Четири или пет дузини хъскита бяха подушили лагера отдалеч.

Sie hatten sich leise hineingeschlichen, während die beiden Hunde in der Nähe kämpften.
Те се бяха промъкнали тихо, докато двете кучета се биеха наблизо.

François und Perrault griffen an und schwangen Knüppel auf die Eindringlinge.
Франсоа и Перо се нахвърлиха в атака, размахвайки тояги срещу нашествениците.

Die ausgehungerten Huskies zeigten ihre Zähne und wehrten sich rasend.
Изгладнелите хъскита показаха зъби и се съпротивляваха яростно.

Der Geruch von Fleisch und Brot hatte sie alle Angst vertreiben lassen.
Миризмата на месо и хляб ги беше прогонила отвъд всякакъв страх.

Perrault schlug einen Hund, der seinen Kopf in der Fresskiste vergraben hatte.
Перо бие куче, което си беше заровило главата в кутията с храна.

Der Schlag war hart, die Schachtel kippte um und das Essen quoll heraus.
Ударът беше силен, кутията се преобърна и храната се разсипа навън.

Innerhalb von Sekunden rissen sich zwanzig wilde Tiere über das Brot und das Fleisch her.
За секунди десетки диви зверове разкъсаха хляба и месото.

Die Keulen der Männer landeten Schlag auf Schlag, doch kein Hund ließ nach.

Мъжките стика нанасяха удар след удар, но нито едно куче не се обърна.
Sie schrien vor Schmerz, kämpften aber, bis kein Futter mehr übrig war.
Те виеха от болка, но се бореха, докато не им остана никаква храна.
Inzwischen waren die Schlittenhunde aus ihren verschneiten Betten gesprungen.
Междувременно кучетата за впряг бяха скочили от снежните си легла.
Sie wurden sofort von den bösartigen, hungrigen Huskys angegriffen.
Те бяха незабавно нападнати от свирепите гладни хъскита.
Buck hatte noch nie zuvor so wilde und ausgehungerte Tiere gesehen.
Бък никога преди не беше виждал толкова диви и гладни същества.
Ihre Haut hing lose und verbarg kaum ihr Skelett.
Кожата им висеше отпусната, едва скривайки скелетите им.
In ihren Augen brannte ein Feuer aus Hunger und Wahnsinn
В очите им имаше огън, от глад и лудост
Sie waren nicht aufzuhalten, ihrem wilden Ansturm war kein Widerstand zu leisten.
Нямаше как да ги спрат; нямаше как да се устои на дивашкия им натиск.
Die Schlittenhunde wurden zurückgedrängt und gegen die Felswand gedrückt.
Впрягащите кучета бяха избутани назад, притиснати към стената на скалата.
Drei Huskies griffen Buck gleichzeitig an und rissen ihm das Fleisch auf.
Три хъскита нападнаха Бък едновременно, разкъсвайки плътта му.
Aus den Schnittwunden an seinem Kopf und seinen Schultern strömte Blut.

Кръв се лееше от главата и раменете му, където беше порязан.
Der Lärm erfüllte das Lager: Knurren, Jaulen und Schmerzensschreie.
Шумът изпълни лагера; ръмжене, писъци и викове на болка.
Billee weinte wie immer laut, gefangen im Kampf und in der Panik.
Били, както обикновено, извика силно, обзета от суматохата и паниката.
Dave und Solleks standen Seite an Seite, blutend, aber trotzig.
Дейв и Солекс стояха един до друг, кървящи, но непокорни.
Joe kämpfte wie ein Dämon und biss alles, was ihm zu nahe kam.
Джо се бореше като демон, хапейки всичко, което се доближеше до него.
Mit einem brutalen Schnappen seines Kiefers zerquetschte er das Bein eines Huskys.
Той смачка крака на хъски с едно брутално щракване на челюстите си.
Pike sprang auf den verletzten Husky und brach ihm sofort das Genick.
Щука скочи върху раненото хъски и мигновено му счупи врата.
Buck packte einen Husky an der Kehle und riss ihm die Ader auf.
Бък хвана едно хъски за гърлото и разкъса вената му.
Blut spritzte und der warme Geschmack trieb Buck in Raserei.
Кръв пръсна, а топлият вкус докара Бък до лудост.
Ohne zu zögern stürzte er sich auf einen anderen Angreifer.
Той се хвърли върху друг нападател без колебание.
Im selben Moment gruben sich scharfe Zähne in Bucks Kehle.
В същия момент остри зъби се забиха в гърлото на Бък.

Spitz hatte von der Seite zugeschlagen und ohne Vorwarnung angegriffen.
Шпиц беше ударил отстрани, атакувайки без предупреждение.
Perrault und François hatten die Hunde besiegt, die das Futter stahlen.
Перо и Франсоа бяха победили кучетата, които крадяха храната.
Nun eilten sie ihren Hunden zu Hilfe, um die Angreifer abzuwehren.
Сега те се втурнаха да помогнат на кучетата си да се преборят с нападателите.
Die ausgehungerten Hunde zogen sich zurück, als die Männer ihre Keulen schwangen.
Гладните кучета се отдръпнаха, докато мъжете размахваха тоягите си.
Buck konnte sich dem Angriff befreien, doch die Flucht war nur von kurzer Dauer.
Бък се измъкна от атаката, но бягството беше кратко.
Die Männer rannten los, um ihre Hunde zu retten, und die Huskies kamen erneut zum Vorschein.
Мъжете хукнаха да спасяват кучетата си, а хъскитата отново се нахвърлиха върху тях.
Billee, der aus Angst Mut fasste, sprang in die Hundemeute.
Били, уплашен до храброст, скочи в глутницата кучета.
Doch dann floh er in blanker Angst und Panik über das Eis.
Но след това той избяга през леда, обзет от неподправен ужас и паника.
Pike und Dub folgten dicht dahinter und rannten um ihr Leben.
Пайк и Дъб ги следваха плътно, бягайки, за да се спасят живота им.
Der Rest des Teams löste sich auf, zerstreute sich und folgte ihnen.
Останалата част от екипа се разпръсна и ги последва.
Buck nahm all seine Kräfte zusammen, um loszurennen, doch dann sah er einen Blitz.

Бък събра сили да бяга, но тогава видя проблясък.
Spitz stürzte sich auf Buck und versuchte, ihn zu Boden zu schlagen.
Шпиц се хвърли към Бък, опитвайки се да го събори на земята.
Unter dieser Meute von Huskys hätte Buck nicht entkommen können.
Под тази тълпа хъскита Бък нямаше да има спасение.
Aber Buck blieb standhaft und wappnete sich für den Schlag von Spitz.
Но Бък стоеше твърдо и се приготви за удара от Шпиц.
Dann drehte er sich um und rannte mit dem fliehenden Team auf das Eis hinaus.
След това се обърна и изтича на леда с бягащия отбор.

Später versammelten sich die neun Schlittenhunde im Schutz des Waldes.
По-късно деветте кучета за впряг се събраха в убежището на гората.
Niemand verfolgte sie mehr, aber sie waren geschlagen und verwundet.
Никой вече не ги гонеше, но те бяха пребити и ранени.
Jeder Hund hatte Wunden; vier oder fünf tiefe Schnitte an jedem Körper.
Всяко куче имаше рани; четири или пет дълбоки порязвания по тялото на всяко.
Dub hatte ein verletztes Hinterbein und konnte kaum noch laufen.
Дъб имаше контузен заден крак и сега се мъчеше да ходи.
Dolly, der neueste Hund aus Dyea, hatte eine aufgeschlitzte Kehle.
Доли, най-новото куче от Дайя, имаше прерязано гърло.
Joe hatte ein Auge verloren und Billees Ohr war in Stücke geschnitten
Джо беше загубил око, а ухото на Били беше отрязано на парчета

Alle Hunde schrien die ganze Nacht vor Schmerz und Niederlage.
Всички кучета плачеха от болка и поражение през нощта.
Im Morgengrauen krochen sie wund und gebrochen zurück ins Lager.
На разсъмване те се промъкнаха обратно в лагера, измъчени и съкрушени.
Die Huskies waren verschwunden, aber der Schaden war angerichtet.
Хъскитата бяха изчезнали, но щетите бяха нанесени.
Perrault und François standen schlecht gelaunt vor der Ruine.
Перо и Франсоа стояха разстроени над руините.
Die Hälfte der Lebensmittel war verschwunden und von den hungrigen Dieben geschnappt worden.
Половината храна беше изчезнала, открадната от гладните крадци.
Die Huskies hatten Schlittenbindungen und Planen zerrissen.
Хъскитата бяха разкъсали въжетата и платното на шейната.
Alles, was nach Essen roch, wurde vollständig verschlungen.
Всичко, което миришеше на храна, беше погълнато напълно.
Sie aßen ein Paar von Perraults Reisestiefeln aus Elchleder.
Те изядоха чифт пътнически ботуши от лосова кожа на Перо.
Sie zerkauten Lederreis und ruinierten Riemen, sodass sie nicht mehr verwendet werden konnten.
Те дъвчаха кожени рейси и съсипваха каишките до степен да не се използват.
François hörte auf, auf die zerrissene Peitsche zu starren, um nach den Hunden zu sehen.
Франсоа спря да се взира в скъсания камшик, за да огледа кучетата.
„Ah, meine Freunde", sagte er mit leiser, besorgter Stimme.

— Ах, приятели мои — каза той с тих и изпълнен с тревога глас.

„Vielleicht verwandeln euch all diese Bisse in tollwütige Tiere."

„Може би всички тези ухапвания ще ви превърнат в луди зверове."

„Vielleicht alles tollwütige Hunde, heiliger Scheiß! Was meinst du, Perrault?"

„Може би всички бесни кучета, свещени дяволи! Какво мислиш, Перо?"

Perrault schüttelte den Kopf, seine Augen waren dunkel vor Sorge und Angst.

Перо поклати глава, очите му потъмняха от тревога и страх.

Zwischen ihnen und Dawson lagen noch sechshundertvierzig Kilometer.

Четиристотин мили все още ги разделяха от Доусън.

Der Hundewahnsinn könnte nun jede Überlebenschance zerstören.

Кучешката лудост сега може да унищожи всеки шанс за оцеляване.

Sie verbrachten zwei Stunden damit, zu fluchen und zu versuchen, die Ausrüstung zu reparieren.

Те прекараха два часа в ругатни и опити да поправят екипировката.

Das verwundete Team verließ schließlich gebrochen und besiegt das Lager.

Раненият екип най-накрая напусна лагера, съкрушен и победен.

Dies war der bisher schwierigste Weg und jeder Schritt war schmerzhaft.

Това беше най-трудният път досега и всяка стъпка беше болезнена.

Der Thirty Mile River war nicht zugefroren und rauschte wild.

Река Тридесет миля не беше замръзнала и течеше диво.

Nur an ruhigen Stellen und in wirbelnden Wirbeln konnte das Eis halten.
Само в спокойни места и вихрушки ледът успяваше да се задържи.
Sechs Tage harter Arbeit vergingen, bis die dreißig Meilen geschafft waren.
Шест дни тежък труд минаха, докато изминат тридесетте мили.
Jeder Kilometer des Weges barg Gefahren und Todesgefahr.
Всяка миля от пътеката носеше опасност и заплаха от смърт.
Die Männer und Hunde riskierten mit jedem schmerzhaften Schritt ihr Leben.
Мъжете и кучетата рискуваха живота си с всяка болезнена стъпка.
Perrault durchbrach ein Dutzend Mal dünne Eisbrücken.
Перо е пробивал тънки ледени мостове десетина пъти.
Er trug eine Stange und ließ sie über das Loch fallen, das sein Körper hinterlassen hatte.
Той носеше прът и го пусна да падне върху дупката, която тялото му направи.
Mehr als einmal rettete diese Stange Perrault vor dem Ertrinken.
Неведнъж този прът е спасявал Перо от удавяне.
Die Kältewelle hielt an, die Lufttemperatur lag bei minus fünfzig Grad.
Студеният пристъп се задържа силно, въздухът беше петдесет градуса под нулата.
Jedes Mal, wenn er hineinfiel, musste Perrault ein Feuer anzünden, um zu überleben.
Всеки път, когато падаше, Перо трябваше да пали огън, за да оцелее.
Nasse Kleidung gefror schnell, also trocknete er sie in der Nähe der sengenden Hitze.
Мокрите дрехи замръзваха бързо, затова ги сушеше близо до палещата жега.

Perrault hatte nie Angst und das machte ihn zu einem Kurier.
Никакъв страх никога не е докосвал Перо и това го е правело куриер.
Er wurde für die Gefahr auserwählt und begegnete ihr mit stiller Entschlossenheit.
Той беше избран за опасност и я посрещна с тиха решителност.
Er drängte sich gegen den Wind vorwärts, sein runzliges Gesicht war erfroren.
Той се напъна напред срещу вятъра, сбръчканото му лице беше измръзнало.
Von der Morgendämmerung bis zum Einbruch der Nacht führte Perrault sie weiter.
От слабия зори до падането на здрача Перо ги водеше напред.
Er ging auf einer schmalen Eiskante, die bei jedem Schritt knackte.
Той вървеше по тесен леден ръб, който се пукаше с всяка стъпка.
Sie wagten nicht, anzuhalten – jede Pause hätte das Risiko eines tödlichen Zusammenbruchs bedeutet.
Те не смееха да спрат — всяка пауза рискуваше смъртоносен колапс.
Einmal brach der Schlitten durch und zog Dave und Buck hinein.
Веднъж шейната се счупи, издърпвайки Дейв и Бък навътре.
Als sie freigezogen wurden, waren beide fast erfroren.
Когато ги измъкнаха, и двамата бяха почти замръзнали.
Die Männer machten schnell ein Feuer, um Buck und Dave am Leben zu halten.
Мъжете бързо запалиха огън, за да запазят Бък и Дейв живи.
Die Hunde waren von der Nase bis zum Schwanz mit Eis bedeckt und steif wie geschnitztes Holz.

Кучетата бяха покрити с лед от носа до опашката, твърди като резбовано дърво.
Die Männer ließen sie in der Nähe des Feuers im Kreis laufen, um ihre Körper aufzutauen.
Мъжете ги пускаха в кръг близо до огъня, за да размразят телата им.
Sie kamen den Flammen so nahe, dass ihr Fell versengt wurde.
Те се приближиха толкова близо до пламъците, че козината им беше опърлена.
Als nächster durchbrach Spitz das Eis und zog das Team hinter sich her.
Шпиц проби леда, повличайки впряга след себе си.
Der Bruch reichte bis zu der Stelle, an der Buck zog.
Счупването стигаше чак до мястото, където Бък дърпаше.
Buck lehnte sich weit zurück, seine Pfoten rutschten und zitterten auf der Kante.
Бък се облегна рязко назад, лапите му се хлъзгаха и трепереха по ръба.
Dave streckte sich ebenfalls nach hinten, direkt hinter Buck auf der Leine.
Дейв също се напрегна назад, точно зад Бък на въжето.
François zog den Schlitten, seine Muskeln knackten vor Anstrengung.
Франсоа теглеше шейната, мускулите му пукаха от усилие.
Ein anderes Mal brach das Randeis vor und hinter dem Schlitten.
Друг път, ледът по ръба се напука пред и зад шейната.
Sie hatten keinen anderen Ausweg, als eine gefrorene Felswand zu erklimmen.
Нямаха друг изход, освен да се изкачат по замръзнала скална стена.
Perrault schaffte es irgendwie, die Mauer zu erklimmen; wie durch ein Wunder blieb er am Leben.
Перо някак си се изкачи по стената; чудо го опази жив.
François blieb unten und betete um dasselbe Glück.
Франсоа остана долу и се молеше за същия късмет.

Sie banden jeden Riemen, jede Zurrschnur und jede Leine zu einem langen Seil zusammen.
Те завързаха всяка каишка, връзване и конец в едно дълго въже.
Die Männer zogen jeden Hund einzeln nach oben.
Мъжете издърпаха всяко куче нагоре, едно по едно, до върха.
François kletterte als Letzter, nach dem Schlitten und der gesamten Ladung.
Франсоа се качи последен, след шейната и целия товар.
Dann begann eine lange Suche nach einem Weg von den Klippen hinunter.
След това започна дълго търсене на пътека надолу от скалите.
Schließlich stiegen sie mit demselben Seil ab, das sie selbst hergestellt hatten.
Накрая те слязоха, използвайки същото въже, което бяха направили.
Es wurde Nacht, als sie erschöpft und wund zum Flussbett zurückkehrten.
Нощта падна, когато се върнаха към речното корито, изтощени и болни.
Der ganze Tag hatte ihnen nur eine Viertelmeile Gewinn eingebracht.
Целият ден им беше донесъл само четвърт миля напред.
Als sie das Hootalinqua erreichten, war Buck erschöpft.
Когато стигнаха до Хуталинкуа, Бък беше изтощен.
Die anderen Hunde litten ebenso sehr unter den Bedingungen auf dem Trail.
Другите кучета пострадаха също толкова зле от условията на пътеката.
Aber Perrault musste Zeit gutmachen und trieb sie jeden Tag weiter an.
Но Перо се нуждаеше от възстановяване на времето и ги притискаше всеки ден.
Am ersten Tag reisten sie dreißig Meilen nach Big Salmon.
Първия ден пътуваха тридесет мили до Биг Салмон.

Am nächsten Tag reisten sie fünfunddreißig Meilen nach Little Salmon.
На следващия ден те пътуваха тридесет и пет мили до Литъл Салмон.
Am dritten Tag kämpften sie sich durch sechzig Kilometer lange, eisige Strecken.
На третия ден те изминаха четиридесет дълги замръзнали мили.
Zu diesem Zeitpunkt näherten sie sich der Siedlung Five Fingers.
По това време те вече наближаваха селището Петте пръста.

Bucks Füße waren weicher als die harten Füße der einheimischen Huskys.
Краката на Бък бяха по-меки от твърдите крака на местните хъскита.
Seine Pfoten waren im Laufe vieler zivilisierter Generationen zart geworden.
Лапите му бяха станали крехки през многото цивилизовани поколения.
Vor langer Zeit wurden seine Vorfahren von Flussmännern oder Jägern gezähmt.
Преди много време неговите предци бяха опитомени от речни хора или ловци.
Jeden Tag humpelte Buck unter Schmerzen und ging auf wunden, schmerzenden Pfoten.
Всеки ден Бък куцаше от болка, ходейки по разранени, болезнени лапи.
Im Lager fiel Buck wie eine leblose Gestalt in den Schnee.
В лагера Бък се строполи като безжизнено тяло върху снега.
Obwohl Buck am Verhungern war, stand er nicht auf, um sein Abendessen einzunehmen.
Въпреки че гладуваше, Бък не стана да вечеря.
François brachte Buck seine Ration und legte ihm Fisch neben die Schnauze.

Франсоа донесе дажбата му на Бък, като сложи риба до муцуната му.

Jeden Abend massierte der Fahrer Bucks Füße eine halbe Stunde lang.

Всяка вечер шофьорът разтривал краката на Бък по половин час.

François hat sogar seine eigenen Mokassins zerschnitten, um daraus Hundeschuhe zu machen.

Франсоа дори нарязал собствените си мокасини, за да си направи обувки за кучета.

Vier warme Schuhe waren für Buck eine große und willkommene Erleichterung.

Четири топли обувки донесоха на Бък голямо и желано облекчение.

Eines Morgens vergaß François die Schuhe und Buck weigerte sich aufzustehen.

Една сутрин Франсоа забрави обувките, а Бък отказа да стане.

Buck lag auf dem Rücken, die Füße in der Luft, und wedelte mitleiderregend damit herum.

Бък лежеше по гръб с крака във въздуха и размахваше жално ги.

Sogar Perrault grinste beim Anblick von Bucks dramatischer Bitte.

Дори Перо се ухили при вида на драматичната молба на Бък.

Bald wurden Bucks Füße hart und die Schuhe konnten weggeworfen werden.

Скоро краката на Бък се втвърдиха и обувките можеха да бъдат изхвърлени.

In Pelly stieß Dolly beim Angeschirrtwerden ein schreckliches Heulen aus.

В Пели, по време на впрягането, Доли издаде ужасен вой.

Der Schrei war lang und voller Wahnsinn und erschütterte jeden Hund.

Викът беше дълъг и изпълнен с лудост, разтърсвайки всяко куче.

Jeder Hund zuckte vor Angst zusammen, ohne den Grund zu kennen.
Всяко куче настръхна от страх, без да знае причината.
Dolly war verrückt geworden und stürzte sich direkt auf Buck.
Доли беше полудяла и се хвърли право върху Бък.
Buck hatte noch nie Wahnsinn gesehen, aber sein Herz war von Entsetzen erfüllt.
Бък никога не беше виждал лудост, но ужас изпълваше сърцето му.
Ohne nachzudenken, drehte er sich um und floh in absoluter Panik.
Без да се замисля, той се обърна и избяга в абсолютна паника.
Dolly jagte ihm hinterher, ihre Augen waren wild, Speichel spritzte aus ihrem Maul.
Доли го гони, с обезумял поглед, слюнка хвърчаща от челюстите й.
Sie blieb direkt hinter Buck, holte nie auf und fiel nie zurück.
Тя се държеше точно зад Бък, без да го настига, нито пък отстъпваше назад.
Buck rannte durch den Wald, die Insel hinunter und über zerklüftetes Eis.
Бък тичаше през гората, надолу по острова, през назъбения лед.
Er überquerte die Insel und erreichte eine weitere, bevor er im Kreis zurück zum Fluss ging.
Той прекоси до един остров, после до друг, заобикаляйки обратно към реката.
Dolly jagte ihn immer noch und knurrte ihn bei jedem Schritt an.
Доли все още го гонеше, ръмжейки след него на всяка крачка.
Buck konnte ihren Atem und ihre Wut hören, obwohl er es nicht wagte, zurückzublicken.

Бък чуваше дъха и яростта й, макар че не смееше да погледне назад.

François rief aus der Ferne und Buck drehte sich in die Richtung der Stimme um.

Франсоа извика отдалеч и Бък се обърна по посока на гласа.

Immer noch nach Luft schnappend rannte Buck vorbei und setzte seine ganze Hoffnung auf François.

Все още задъхан, Бък протича покрай тях, възлагайки всички надежди на Франсоа.

Der Hundeführer hob eine Axt und wartete, während Buck vorbeiflog.

Водачът на кучето вдигна брадва и изчака, докато Бък прелетя покрай него.

Die Axt kam schnell herunter und traf Dollys Kopf mit tödlicher Wucht.

Брадвата се стовари бързо и удари главата на Доли със смъртоносна сила.

Buck brach neben dem Schlitten zusammen, keuchte und konnte sich nicht bewegen.

Бък се свлече близо до шейната, хриптейки и неспособен да се помръдне.

In diesem Moment hatte Spitz die Chance, einen erschöpften Gegner zu schlagen.

Този момент даде на Шпиц шанс да удари изтощен враг.

Zweimal biss er Buck und riss das Fleisch bis auf den weißen Knochen auf.

Два пъти ухапа Бък, разкъсвайки плътта му до бялата кост.

François' Peitsche knallte und traf Spitz mit voller, wütender Wucht.

Камшикът на Франсоа изпука и удари Шпиц с пълна, яростна сила.

Buck sah mit Freude zu, wie Spitz seine bisher härteste Tracht Prügel bekam.

Бък наблюдаваше с радост как Шпиц получаваше най-жестокия си побой досега.

„Er ist ein Teufel, dieser Spitz", murmelte Perrault düster vor sich hin.

„Той е дявол, този Шпиц", промърмори мрачно Перо на себе си.

„Eines Tages wird dieser verfluchte Hund Buck töten – das schwöre ich."

„Някой ден скоро това проклето куче ще убие Бък — кълна се."

„Dieser Buck hat zwei Teufel in sich", antwortete François mit einem Nicken.

— Този Бък има два дявола в себе си — отвърна Франсоа с кимване.

„Wenn ich Buck beobachte, weiß ich, dass etwas Wildes in ihm lauert."

„Когато гледам Бък, знам, че в него чака нещо яростно."

„Eines Tages wird er rasend vor Wut werden und Spitz in Stücke reißen."

„Един ден ще се разяри като огън и ще разкъса Шпиц на парчета."

„Er wird den Hund zerkauen und ihn auf den gefrorenen Schnee spucken."

„Ще сдъвче това куче и ще го изплюе върху замръзналия сняг."

„Das weiß ich ganz sicher tief in meinem Innern."

„Разбира се, знам го дълбоко в себе си."

Von diesem Moment an befanden sich die beiden Hunde im Krieg.

От този момент нататък двете кучета бяха вперени във война.

Spitz führte das Team an und hatte die Macht, aber Buck stellte das in Frage.

Шпиц водеше отбора и държеше властта, но Бък оспори това.

Spitz sah seinen Rang durch diesen seltsamen Fremden aus dem Süden bedroht.

Шпиц видя как този странен непознат от Юга е заплашен за ранга му.

Buck war anders als alle Südstaatenhunde, die Spitz zuvor gekannt hatte.
Бък не приличаше на никое южняшко куче, което Шпиц беше познавал преди.
Die meisten von ihnen scheiterten – sie waren zu schwach, um Kälte und Hunger zu überleben.
Повечето от тях се провалиха – твърде слаби, за да преживеят студ и глад.
Sie starben schnell unter der harten Arbeit, dem Frost und der langsamen Hungersnot.
Те умираха бързо под труда, студа и бавното изгаряне на глада.
Buck stand abseits – mit jedem Tag stärker, klüger und wilder.
Бък се открояваше — по-силен, по-умен и по-свиреп с всеки изминал ден.
Er gedieh trotz aller Härte und wuchs heran, bis er den nördlichen Huskies ebenbürtig war.
Той процъфтяваше в трудностите, израствайки, за да може да се сравни със северните хъскита.
Buck hatte Kraft, wilde Geschicklichkeit und einen geduldigen, tödlichen Instinkt.
Бък притежаваше сила, диво умение и търпелив, смъртоносен инстинкт.
Der Mann mit der Keule hatte Buck die Unbesonnenheit ausgetrieben.
Мъжът с тоягата беше пребил Бък от прибързаност.
Die blinde Wut war verschwunden und durch stille Gerissenheit und Kontrolle ersetzt worden.
Сляпата ярост беше изчезнала, заменена от тиха хитрост и контрол.
Er wartete ruhig und ursprünglich und wartete auf den richtigen Moment.
Той чакаше, спокоен и първичен, търсейки подходящия момент.
Ihr Kampf um die Vorherrschaft wurde unvermeidlich und deutlich.

Борбата им за командване стана неизбежна и ясна.
Buck strebte nach einer Führungsposition, weil sein Geist es verlangte.
Бък желаеше лидерство, защото духът му го изискваше.
Er wurde von dem seltsamen Stolz getrieben, der aus der Jagd und dem Geschirr entstand.
Той беше воден от странната гордост, родена от пътеката и сбруята.
Dieser Stolz ließ die Hunde ziehen, bis sie im Schnee zusammenbrachen.
Тази гордост караше кучетата да дърпат, докато не се срутят в снега.
Der Stolz verleitete sie dazu, all ihre Kraft einzusetzen.
Гордостта ги примамваше да дадат цялата си сила.
Stolz kann einen Schlittenhund sogar in den Tod treiben.
Гордостта може да примами куче за впряг дори до смърт.
Der Verlust des Geschirrs ließ die Hunde gebrochen und ziellos zurück.
Загубата на хамута оставяше кучетата съсипани и безцелни.
Das Herz eines Schlittenhundes kann vor Scham brechen, wenn er in den Ruhestand geht.
Сърцето на куче за впряг може да бъде смазано от срам, когато се пенсионира.
Dave lebte von diesem Stolz, während er den Schlitten hinter sich herzog.
Дейв живееше с тази гордост, докато влачеше шейната отзад.
Auch Solleks gab mit grimmiger Stärke und Loyalität alles.
Солекс също се отдаде напълно с мрачна сила и лоялност.
Jeden Morgen verwandelte der Stolz ihre Verbitterung in Entschlossenheit.
Всяка сутрин гордостта ги превръщаше от огорчени в решителни.
Sie drängten den ganzen Tag und verstummten dann am Ende des Lagers.

Те настояваха цял ден, след което замълчаха в края на лагера.

Dieser Stolz gab Spitz die Kraft, Drückeberger zur Räson zu bringen.

Тази гордост даде на Шпиц силата да подреди избягалите.

Spitz fürchtete Buck, weil Buck denselben tiefen Stolz in sich trug.

Шпиц се страхуваше от Бък, защото Бък носеше същата дълбока гордост.

Bucks Stolz wandte sich nun gegen Spitz, und er ließ nicht locker.

Гордостта на Бък сега се надигна срещу Шпиц и той не спря.

Buck widersetzte sich Spitz' Macht und hinderte ihn daran, Hunde zu bestrafen.

Бък се противопостави на силата на Шпиц и му попречи да наказва кучета.

Als andere versagten, stellte sich Buck zwischen sie und ihren Anführer.

Когато другите се проваляха, Бък заставаше между тях и техния лидер.

Er tat dies mit Absicht und brachte seine Herausforderung offen und deutlich zum Ausdruck.

Той направи това с намерение, отправяйки предизвикателството си открито и ясно.

In einer Nacht hüllte schwerer Schnee die Welt in tiefe Stille.

Една нощ обилен сняг покри света с дълбока тишина.

Am nächsten Morgen stand Pike, faul wie immer, nicht zur Arbeit auf.

На следващата сутрин Пайк, мързелив както винаги, не стана за работа.

Er blieb in seinem Nest unter einer dicken Schneeschicht verborgen.

Той остана скрит в гнездото си под дебел слой сняг.

François rief und suchte, konnte den Hund jedoch nicht finden.

Франсоа извика и потърси, но не можа да намери кучето.
Spitz wurde wütend und stürmte durch das schneebedeckte Lager.
Шпиц се разяри и нахлу в щурм през покрития със сняг лагер.
Er knurrte und schnüffelte und grub wie verrückt mit flammenden Augen.
Той изръмжа и подсмърча, ровейки бясно с пламтящи очи.
Seine Wut war so heftig, dass Pike vor Angst unter dem Schnee zitterte.
Яростта му беше толкова свирепа, че Пайк се разтресе под снега от страх.
Als Pike schließlich gefunden wurde, stürzte sich Spitz auf den versteckten Hund, um ihn zu bestrafen.
Когато Пайк най-накрая беше намерен, Шпиц се нахвърли, за да накаже скрилото се куче.
Doch Buck sprang mit einer Wut zwischen sie, die Spitz' eigener ebenbürtig war.
Но Бък скочи между тях с ярост, равна на тази на Шпиц.
Der Angriff erfolgte so plötzlich und geschickt, dass Spitz umfiel.
Атаката беше толкова внезапна и хитра, че Шпиц падна на земята.
Pike, der gezittert hatte, schöpfte aus diesem Trotz neuen Mut.
Пайк, който трепереше, се осмели от това неподчинение.
Er sprang auf den gefallenen Spitz und folgte Bucks mutigem Beispiel.
Той скочи върху падналия Шпиц, следвайки смелия пример на Бък.
Buck, der nicht länger an Fairness gebunden war, beteiligte sich am Angriff auf Spitz.
Бък, вече не обвързан от принципите на справедливост, се присъедини към стачката срещу Шпиц.
François, amüsiert, aber dennoch diszipliniert, schwang seine schwere Peitsche.

Франсоа, развеселен, но твърдо дисциплиниран, замахна с тежкия си камшик.
Er schlug Buck mit aller Kraft, um den Kampf zu beenden.
Той удари Бък с всичка сила, за да прекрати боя.
Buck weigerte sich, sich zu bewegen und blieb auf dem gefallenen Anführer sitzen.
Бък отказа да се помръдне и остана върху падналия водач.
Dann benutzte François den Griff der Peitsche und schlug Buck damit heftig.
След това Франсоа използва дръжката на камшика, удряйки силно Бък.
Buck taumelte unter dem Schlag und fiel zurück.
Олюлявайки се от удара, Бък се отдръпна под атаката.
François schlug immer wieder zu, während Spitz Pike bestrafte.
Франсоа удряше отново и отново, докато Шпиц наказваше Пайк.

Die Tage vergingen und Dawson City kam immer näher.
Дните минаваха и Доусън Сити ставаше все по-близо и по-близо.
Buck mischte sich immer wieder ein und schlüpfte zwischen Spitz und andere Hunde.
Бък непрекъснато се месеше, промъквайки се между Шпиц и други кучета.
Er wählte seine Momente gut und wartete immer darauf, dass François ging.
Той избираше добре моментите си, винаги чакайки Франсоа да си тръгне.
Bucks stille Rebellion breitete sich aus und im Team breitete sich Unordnung aus.
Тихият бунт на Бък се разпростани и в отбора се настани безредие.
Dave und Solleks blieben loyal, andere jedoch wurden widerspenstig.
Дейв и Солекс останаха лоялни, но други станаха непокорни.

Die Situation im Team wurde immer schlimmer – es wurde unruhig, streitsüchtig und geriet aus der Reihe.
Екипът ставаше все по-неспокоен — неспокоен, свадлив и нередовен.
Nichts lief mehr reibungslos und es kam immer wieder zu Streit.
Нищо вече не работеше гладко и кавгите станаха нещо обичайно.
Buck blieb im Zentrum des Chaos und provozierte ständig Unruhe.
Бък остана в центъра на неприятностите, винаги провокирайки вълнения.
François blieb wachsam, aus Angst vor dem Kampf zwischen Buck und Spitz.
Франсоа остана нащрек, страхувайки се от боя между Бък и Шпиц.
Jede Nacht wurde er durch Rangeleien geweckt, aus Angst, dass es endlich losgehen würde.
Всяка нощ го събуждаха схватки, страхувайки се, че началото най-накрая е настъпило.
Er sprang aus seiner Robe, bereit, den Kampf zu beenden.
Той скочи от робата си, готов да прекъсне боя.
Aber der Moment kam nie und sie erreichten schließlich Dawson.
Но моментът така и не настъпи и най-накрая стигнаха до Доусън.
Das Team betrat die Stadt an einem trüben Nachmittag, angespannt und still.
Екипът влезе в града един мрачен следобед, напрегнат и тих.
Der große Kampf um die Führung hing noch immer in der eisigen Luft.
Голямата битка за лидерство все още висеше в замръзналия въздух.
Dawson war voller Männer und Schlittenhunde, die alle mit der Arbeit beschäftigt waren.

Доусън беше пълен с мъже и впряжни кучета, всички заети с работа.
Buck beobachtete die Hunde von morgens bis abends beim Lastenziehen.
Бък наблюдаваше как кучетата теглят товари от сутрин до вечер.
Sie transportierten Baumstämme und Brennholz und lieferten Vorräte an die Minen.
Те превозваха трупи и дърва за огрев, превозваха провизии до мините.
Wo früher im Süden Pferde arbeiteten, schufteten heute Hunde.
Там, където някога в Южната земя работеха коне, сега се трудеха кучета.
Buck sah einige Hunde aus dem Süden, aber die meisten waren wolfsähnliche Huskys.
Бък видя няколко кучета от юг, но повечето бяха хъскита, подобни на вълци.
Nachts erhoben die Hunde pünktlich zum ersten Mal ihre Stimmen zum Singen.
През нощта, като по часовник, кучетата пееха с повишен глас.
Um neun, um Mitternacht und erneut um drei begann der Gesang.
В девет, в полунощ и отново в три часа пеенето започна.
Buck liebte es, in ihren unheimlichen Gesang einzustimmen, der wild und uralt klang.
Бък обичаше да се присъединява към зловещото им напев, диво и древно по звук.
Das Polarlicht flammte, die Sterne tanzten und das Land war mit Schnee bedeckt.
Аврората пламтеше, звездите танцуваха, а земята беше покрита с сняг.
Der Gesang der Hunde erhob sich als Aufschrei gegen die Stille und die bittere Kälte.
Песента на кучетата се издигна като вик срещу тишината и лютия студ.

Doch in jedem langen Ton ihres Heulens war Trauer und nicht Trotz zu hören.
Но воят им съдържаше тъга, а не предизвикателство, във всяка дълга нота.
Jeder Klageschrei war voller Flehen; die Last des Lebens selbst.
Всеки вой беше изпълнен с молба; бремето на самия живот.
Dieses Lied war alt – älter als Städte und älter als Feuer
Тази песен беше стара — по-стара от градовете и по-стара от пожарите
Dieses Lied war sogar älter als die Stimmen der Menschen.
Тази песен беше по-древна дори от човешките гласове.
Es war ein Lied aus der jungen Welt, als alle Lieder traurig waren.
Това беше песен от младия свят, когато всички песни бяха тъжни.
Das Lied trug den Kummer unzähliger Hundegenerationen in sich.
Песента носеше тъга от безброй поколения кучета.
Buck spürte die Melodie tief und stöhnte vor jahrhundertealtem Schmerz.
Бък усети мелодията дълбоко, стенейки от болка, вкоренена във вековете.
Er schluchzte aus einem Kummer, der so alt war wie das wilde Blut in seinen Adern.
Той ридаеше от мъка, стара като дивата кръв във вените му.
Die Kälte, die Dunkelheit und das Geheimnisvolle berührten Bucks Seele.
Студът, тъмнината и мистерията докоснаха душата на Бък.
Dieses Lied bewies, wie weit Buck zu seinen Ursprüngen zurückgekehrt war.
Тази песен доказа колко далеч се е върнал Бък към корените си.
Durch Schnee und Heulen hatte er den Anfang seines eigenen Lebens gefunden.

През сняг и вой той беше намерил началото на собствения си живот.

Sieben Tage nach ihrer Ankunft in Dawson brachen sie erneut auf.
Седем дни след пристигането си в Доусън, те отново тръгнаха на път.
Das Team verließ die Kaserne und fuhr hinunter zum Yukon Trail.
Екипът се спусна от казармата надолу към пътеката Юкон.
Sie begannen die Rückreise nach Dyea und Salt Water.
Те започнаха пътуването обратно към Дайя и Солт Уотър.
Perrault überbrachte noch dringlichere Depeschen als zuvor.
Перо носеше още по-спешни пратки от преди.
Auch ihn packte der Trail-Stolz, und er wollte einen Rekord aufstellen.
Той също беше обзет от гордост по пътеките и се стремеше да постави рекорд.
Diesmal hatte Perrault mehrere Vorteile.
Този път няколко предимства бяха на страната на Перо.
Die Hunde hatten eine ganze Woche lang geruht und ihre Kräfte wiedererlangt.
Кучетата бяха почивали цяла седмица и бяха възвърнали силите си.
Die Spur, die sie gebahnt hatten, wurde nun von anderen festgestampft.
Пътеката, която бяха проправили, сега беше утъпкана от други.
An manchen Stellen hatte die Polizei Futter für Hunde und Menschen gelagert.
На някои места полицията беше складирала храна както за кучета, така и за мъже.
Perrault reiste mit leichtem Gepäck und bewegte sich schnell, ohne dass ihn etwas belastete.
Перо пътуваше с лекота, движеше се бързо и почти нищо не го тежеше.

Sie erreichten Sixty-Mile, eine Strecke von achtzig Kilometern, noch in der ersten Nacht.
Те стигнаха до „Шестдесет мили", бягане от петдесет мили, още първата нощ.
Am zweiten Tag eilten sie den Yukon hinauf nach Pelly.
На втория ден те се втурнаха нагоре по Юкон към Пели.
Doch dieser tolle Fortschritt war für François mit vielen Strapazen verbunden.
Но такъв добър напредък дойде с много напрежение за Франсоа.
Bucks stille Rebellion hatte die Disziplin des Teams zerstört.
Тихият бунт на Бък беше разрушил дисциплината на отбора.
Sie zogen nicht mehr wie ein Tier an den Zügeln.
Те вече не се дърпаха заедно като един звяр, държан на юздите.
Buck hatte durch sein mutiges Beispiel andere zum Trotz verleitet.
Бък беше подтикнал другите към неподчинение чрез смелия си пример.
Spitz' Befehl stieß weder auf Furcht noch auf Respekt.
Заповедта на Шпиц вече не беше посрещана със страх или уважение.
Die anderen verloren ihre Ehrfurcht vor ihm und wagten es, sich seiner Herrschaft zu widersetzen.
Другите загубиха страхопочитанието си към него и се осмелиха да се съпротивляват на управлението му.
Eines Nachts stahl Pike einen halben Fisch und aß ihn vor Bucks Augen.
Една нощ Пайк откраднал половин риба и я изял под окото на Бък.
In einer anderen Nacht kämpften Dub und Joe gegen Spitz und blieben ungestraft.
Друга вечер Дъб и Джо се сбиха със Шпиц и останаха ненаказани.

Sogar Billee jammerte weniger süß und zeigte eine neue Schärfe.
Дори Били хленчеше по-малко сладко и показа нова острота.
Buck knurrte Spitz jedes Mal an, wenn sich ihre Wege kreuzten.
Бък ръмжеше на Шпиц всеки път, когато пътищата им се пресичаха.
Bucks Haltung wurde dreist und bedrohlich, fast wie die eines Tyrannen.
Отношението на Бък стана дръзко и заплашително, почти като на побойник.
Mit stolzgeschwellter Brust und voller spöttischer Bedrohung schritt er vor Spitz auf und ab.
Той крачеше пред Шпиц с перчене, изпълнено с подигравателна заплаха.
Dieser Zusammenbruch der Ordnung breitete sich auch unter den Schlittenhunden aus.
Това разрушаване на реда се разпростря и сред кучетата за впряг.
Sie stritten und stritten mehr denn je und erfüllten das Lager mit Lärm.
Те се караха и спореха повече от всякога, изпълвайки лагера с шум.
Das Lagerleben verwandelte sich jede Nacht in ein wildes, heulendes Chaos.
Лагерният живот се превръщаше в див, виещ хаос всяка нощ.
Nur Dave und Solleks blieben ruhig und konzentriert.
Само Дейв и Солекс останаха стабилни и съсредоточени.
Doch selbst sie wurden durch die ständigen Schlägereien ungehalten.
Но дори и те се изнервяха от постоянните сбивания.
François fluchte in fremden Sprachen und stampfte frustriert auf.
Франсоа изруга на странни езици и тропаше отчаяно.

Er riss sich die Haare aus und schrie, während der Schnee unter seinen Füßen wirbelte.
Той скубеше косата си и крещеше, докато сняг лети под краката му.
Seine Peitsche knallte über das Rudel, konnte es aber kaum in Schach halten.
Камшикът му щракна по глутницата, но едва ги задържа в редица.
Immer wenn er sich umdrehte, brachen die Kämpfe erneut aus.
Винаги, когато обръщаше гръб, боят избухваше отново.
François setzte die Peitsche für Spitz ein, während Buck die Rebellen anführte.
Франсоа използва камшика за Шпиц, докато Бък поведе бунтовниците.
Jeder kannte die Rolle des anderen, aber Buck vermied jegliche Schuldzuweisungen.
Всеки знаеше ролята на другия, но Бък избягваше всякакви обвинения.
François hat Buck nie dabei erwischt, wie er eine Schlägerei anfing oder sich vor seiner Arbeit drückte.
Франсоа никога не е хващал Бък да започва бой или да бяга от работата си.
Buck arbeitete hart im Geschirr – die Mühe erfüllte ihn jetzt mit Begeisterung.
Бък работеше усилено в хамута — трудът сега вълнуваше духа му.
Doch noch mehr Freude bereitete ihm das Anzetteln von Kämpfen und Chaos im Lager.
Но той намираше още по-голяма радост в разпалването на боеве и хаос в лагера.

Eines Abends schreckte Dub an der Mündung des Tahkeena ein Kaninchen auf.
Една вечер в устата на Тахкина, Дъб стреснал заек.
Er verpasste den Fang und das Schneeschuhkaninchen sprang davon.

Той пропусна уловката и заекът-снежник отскочи.
Innerhalb von Sekunden nahm das gesamte Schlittenteam unter wildem Geschrei die Verfolgung auf.
След секунди целият впряг с шейни ги преследваше с диви викове.
In der Nähe beherbergte ein Lager der Northwest Police fünfzig Huskys.
Наблизо, лагер на северозападната полиция приютяваше петдесет кучета хъски.
Sie schlossen sich der Jagd an und stürmten gemeinsam den zugefrorenen Fluss hinunter.
Те се присъединиха към лова, спускайки се заедно по замръзналата река.
Das Kaninchen verließ den Fluss und floh in ein gefrorenes Bachbett.
Заекът свърна от реката, бягайки нагоре по замръзналото корито на потока.
Das Kaninchen hüpfte leichtfüßig über den Schnee, während die Hunde sich durchkämpften.
Заекът леко подскачаше по снега, докато кучетата се мъчеха да се промъкнат през него.
Buck führte das riesige Rudel von sechzig Hunden um jede Kurve.
Бък водеше огромната глутница от шестдесет кучета около всеки криволичещ завой.
Er drängte tief und eifrig vorwärts, konnte jedoch keinen Boden gutmachen.
Той продължи напред, ниско и нетърпеливо, но не можа да набере скорост.
Bei jedem kraftvollen Sprung blitzte sein Körper im blassen Mondlicht auf.
Тялото му проблясваше под бледата луна с всеки мощен скок.
Vor uns bewegte sich das Kaninchen wie ein Geist, lautlos und zu schnell, um es einzufangen.
Напред заекът се движеше като призрак, безшумен и твърде бърз, за да бъде хванат.

All diese alten Instinkte – der Hunger, der Nervenkitzel – durchströmten Buck.
Всички онези стари инстинкти – гладът, тръпката – нахлуха в Бък.

Manchmal verspüren Menschen diesen Instinkt und werden dazu getrieben, mit Gewehr und Kugel zu jagen.
Хората понякога усещат този инстинкт, подтикнати да ловуват с пушка и куршуми.

Aber Buck empfand dieses Gefühl auf einer tieferen und persönlicheren Ebene.
Но Бък изпитваше това чувство на по-дълбоко и по-лично ниво.

Sie konnten die Wildnis nicht in ihrem Blut spüren, so wie Buck sie spüren konnte.
Те не можеха да усетят дивото в кръвта си така, както Бък можеше да го усети.

Er jagte lebendes Fleisch, bereit, mit seinen Zähnen zu töten und Blut zu schmecken.
Той гонеше живо месо, готов да убива със зъби и да вкуси кръв.

Sein Körper spannte sich vor Freude, er wollte in warmem, rotem Leben baden.
Тялото му се напрягаше от радост, искаше да се окъпе в топлата червена вода на живота.

Eine seltsame Freude markiert den höchsten Punkt, den das Leben jemals erreichen kann.
Странна радост бележи най-високата точка, която животът някога може да достигне.

Das Gefühl eines Gipfels, bei dem die Lebenden vergessen, dass sie überhaupt am Leben sind.
Усещането за връх, където живите забравят, че изобщо са живи.

Diese tiefe Freude berührt den Künstler, der sich in glühender Inspiration verliert.
Тази дълбока радост докосва художника, изгубен в пламтящо вдъхновение.

Diese Freude ergreift den Soldaten, der wild kämpft und keinen Feind verschont.
Тази радост обзема войника, който се бие диво и не щади врагове.
Diese Freude erfasste nun Buck, der das Rudel mit seinem Urhunger anführte.
Тази радост сега обзе Бък, докато водеше глутницата с първичен глад.
Er heulte mit dem uralten Wolfsschrei, aufgeregt durch die lebendige Jagd.
Той виеше с древния вълчи вик, развълнуван от живата лов.
Buck hat den ältesten Teil seiner selbst angezapft, der in der Wildnis verloren war.
Бък се докосна до най-старата част от себе си, изгубена в дивата природа.
Er griff tief in sein Inneres, in die Vergangenheit, in die raue, uralte Zeit.
Той се потопи дълбоко в себе си, в отвъдните спомени, в суровото, древно време.
Eine Welle puren Lebens durchströmte jeden Muskel und jede Sehne.
Вълна от чист живот премина през всеки мускул и сухожилие.
Jeder Sprung schrie, dass er lebte, dass er durch den Tod ging.
Всеки скок крещеше, че е жив, че преминава през смъртта.
Sein Körper schwebte freudig über stilles, kaltes Land, das sich nie regte.
Тялото му се рееше радостно над неподвижна, студена земя, която никога не помръдваше.
Spitz blieb selbst in seinen wildesten Momenten kalt und listig.
Шпиц оставаше хладнокръвен и хитър, дори в най-дивите си моменти.
Er verließ den Pfad und überquerte das Land, wo der Bach eine weite Biegung machte.

Той напусна пътеката и прекоси земя, където потокът се извиваше широко.
Buck, der davon nichts wusste, blieb auf dem gewundenen Pfad des Kaninchens.
Бък, без да знае за това, остана на криволичещата пътека на заека.
Dann, als Buck um eine Kurve bog, stand das geisterhafte Kaninchen vor ihm.
Тогава, когато Бък зави зад завой, призрачният заек се озова пред него.
Er sah, wie eine zweite Gestalt vor der Beute vom Ufer sprang.
Той видя втора фигура да скочи от брега пред плячката.
Bei der Gestalt handelte es sich um Spitz, der direkt auf dem Weg des fliehenden Kaninchens landete.
Фигурата беше Шпиц, кацнал точно на пътя на бягащия заек.
Das Kaninchen konnte sich nicht umdrehen und traf mitten in der Luft auf Spitz' Kiefer.
Заекът не можеше да се обърне и срещна челюстите на Шпиц във въздуха.
Das Rückgrat des Kaninchens brach mit einem Schrei, der so scharf war wie der Schrei eines sterbenden Menschen.
Гръбнакът на заека се счупи с писък, остър като плач на умиращ човек.
Bei diesem Geräusch – dem Sturz vom Leben in den Tod – heulte das Rudel laut auf.
При този звук — падането от живот към смърт — глутницата залая силно.
Hinter Buck erhob sich ein wilder Chor voller dunkler Freude.
Див хор се издигна зад Бък, изпълнен с мрачна наслада.
Buck gab keinen Schrei von sich, keinen Laut, und stürmte direkt auf Spitz zu.
Бък не издаде нито вик, нито звук и се нахвърли право върху Шпиц.
Er zielte auf die Kehle, traf aber stattdessen die Schulter.

Той се прицели в гърлото, но вместо това удари рамото.
Sie stürzten durch den weichen Schnee, ihre Körper waren in einen Kampf verstrickt.
Те се търкаляха през мекия сняг; телата им се сковаха в битка.
Spitz sprang schnell auf, als wäre er nie niedergeschlagen worden.
Шпиц скочи бързо, сякаш никога не е бил повален.
Er schlug auf Bucks Schulter und sprang dann aus dem Kampf.
Той поряза рамото на Бък, след което скочи да се отдръпне от боя.
Zweimal schnappten seine Zähne wie Stahlfallen, seine Lippen waren grimmig gekräuselt.
Зъбите му щракнаха два пъти като стоманени капани, устните му се извиха свирепо.
Er wich langsam zurück und suchte festen Boden unter seinen Füßen.
Той се отдръпна бавно, търсейки твърда почва под краката си.
Buck verstand den Moment sofort und vollkommen.
Бък разбра момента мигновено и напълно.
Die Zeit war gekommen; der Kampf würde ein Kampf auf Leben und Tod werden.
Времето беше дошло; битката щеше да бъде битка до смърт.
Die beiden Hunde umkreisten knurrend den Raum, legten die Ohren an und kniffen die Augen zusammen.
Двете кучета кръжаха около тях, ръмжейки, с присвити уши и присвити очи.
Jeder Hund wartete darauf, dass der andere Schwäche zeigte oder einen Fehltritt machte.
Всяко куче чакаше другото да покаже слабост или да сгреши.
Buck hatte ein unheimliches Gefühl, die Szene zu kennen und tief in Erinnerung zu behalten.

За Бък сцената му се стори зловещо позната и дълбоко запомнена.
Die weißen Wälder, die kalte Erde, die Schlacht im Mondlicht.
Белите гори, студената земя, битката под лунна светлина.
Eine schwere Stille erfüllte das Land, tief und unnatürlich.
Тежка тишина изпълни земята, дълбока и неестествена.
Kein Wind regte sich, kein Blatt bewegte sich, kein Geräusch unterbrach die Stille.
Нито вятър, нито листо помръдна, нито звук наруши тишината.
Der Atem der Hunde stieg wie Rauch in die eiskalte, stille Luft.
Дъхът на кучетата се издигаше като дим в замръзналия, тих въздух.
Das Kaninchen war von der Meute der wilden Tiere längst vergessen.
Заекът отдавна беше забравен от глутницата диви зверове.
Diese halb gezähmten Wölfe standen nun still in einem weiten Kreis.
Тези полуопитомени вълци сега стояха неподвижно в широк кръг.
Sie waren still, nur ihre leuchtenden Augen verrieten ihren Hunger.
Те бяха тихи, само светещите им очи издаваха глада им.
Ihr Atem stieg auf, als sie den Beginn des Endkampfes beobachteten.
Дъхът им се ускори, докато наблюдаваха началото на финалната битка.
Für Buck war dieser Kampf alt und erwartet, überhaupt nicht ungewöhnlich.
За Бък тази битка беше стара и очаквана, никак не странна.
Es fühlte sich an wie die Erinnerung an etwas, das schon immer passieren sollte.
Чувстваше се като спомен за нещо, което винаги е било предопределено да се случи.

Spitz war ein ausgebildeter Kampfhund, gestählt durch zahllose wilde Schlägereien.
Шпицът беше обучено бойно куче, усъвършенствано от безброй диви боеве.
Von Spitzbergen bis Kanada hatte er viele Feinde besiegt.
От Шпицберген до Канада той беше овладял много врагове.
Er war voller Wut, ließ seiner Wut jedoch nie freien Lauf.
Той беше изпълнен с ярост, но никога не се поддаваше на контрол над яростта.
Seine Leidenschaft war scharf, aber immer durch einen harten Instinkt gemildert.
Страстта му беше остра, но винаги смекчена от твърд инстинкт.
Er griff nie an, bis seine eigene Verteidigung stand.
Той никога не атакуваше, докато не си осигури собствена защита.
Buck versuchte immer wieder, Spitz' verwundbaren Hals zu erreichen.
Бък се опитваше отново и отново да достигне уязвимия врат на Шпиц.
Doch jeder Schlag wurde von Spitz' scharfen Zähnen mit einem Hieb beantwortet.
Но всеки удар беше посрещан с пронизващ удар от острите зъби на Шпиц.
Ihre Reißzähne prallten aufeinander und beide Hunde bluteten aus den aufgerissenen Lippen.
Зъбите им се сблъскаха и двете кучета прокървиха от разкъсаните си устни.
Egal, wie sehr Buck sich auch wehrte, er konnte die Verteidigung nicht durchbrechen.
Колкото и да се нахвърляше Бък, не успяваше да пробие защитата.
Er wurde immer wütender und stürmte mit wilden Kraftausbrüchen hinein.
Той се разяри още повече, нахлувайки с диви изблици на енергия.

Immer wieder schlug Buck nach der weißen Kehle von Spitz.
Отново и отново Бък удряше по бялото гърло на Шпиц.
Jedes Mal wich Spitz aus und schlug mit einem schneidenden Biss zurück.
Всеки път Шпиц се изплъзваше и отвръщаше на удара с режеща хапка.
Dann änderte Buck seine Taktik und stürzte sich erneut darauf, als wolle er ihm die Kehle zu Leibe rücken.
Тогава Бък смени тактиката, отново се втурвайки сякаш към гърлото.
Doch er zog sich mitten im Angriff zurück und drehte sich um, um von der Seite zuzuschlagen.
Но той се отдръпна по средата на атаката, обръщайки се, за да удари отстрани.
Er warf Spitz seine Schulter entgegen, um ihn niederzuschlagen.
Той хвърли рамо в Шпиц, целяйки да го събори.
Bei jedem Versuch wich Spitz aus und konterte mit einem Hieb.
Всеки път, когато се опитваше, Шпиц се изплъзваше и контраатакуваше с удар.
Bucks Schulter wurde wund, als Spitz nach jedem Schlag davonsprang.
Рамото на Бък се разболя, докато Шпиц отскачаше след всеки удар.
Spitz war nicht berührt worden, während Buck aus vielen Wunden blutete.
Шпиц не беше докоснат, докато Бък кървеше от многобройните си рани.
Bucks Atem ging schnell und schwer, sein Körper war blutverschmiert.
Бък дишаше учестено и тежко, тялото му беше хлъзгаво от кръв.
Mit jedem Biss und Angriff wurde der Kampf brutaler.
С всяка хапка и атака битката ставаше все по-брутална.

Um sie herum warteten sechzig stille Hunde darauf, dass der erste fiel.
Около тях шестдесет мълчаливи кучета чакаха първите да паднат.
Wenn ein Hund zu Boden ging, würde das Rudel den Kampf beenden.
Ако едно куче падне, глутницата щеше да довърши битката.
Spitz sah, dass Buck schwächer wurde, und begann, den Angriff voranzutreiben.
Шпиц видя, че Бък отслабва, и започна да настоява за атака.
Er brachte Buck aus dem Gleichgewicht und zwang ihn, um Halt zu kämpfen.
Той държеше Бък извън равновесие, принуждавайки го да се бори за опора.
Einmal stolperte Buck und fiel, und alle Hunde standen auf.
Веднъж Бък се спъна и падна, а всички кучета се изправиха.
Doch Buck richtete sich mitten im Fall auf und alle sanken wieder zu Boden.
Но Бък се изправи по средата на падането и всички отново потънаха.
Buck hatte etwas Seltenes – eine Vorstellungskraft, die aus tiefem Instinkt geboren war.
Бък притежаваше нещо рядко срещано – въображение, родено от дълбок инстинкт.
Er kämpfte mit natürlichem Antrieb, aber auch mit List.
Той се биеше с естествен инстинкт, но се биеше и с хитрост.
Er griff erneut an, als würde er seinen Schulterangriffstrick wiederholen.
Той отново се нахвърли в атака, сякаш повтаряше номера си с атака с рамо.
Doch in der letzten Sekunde ließ er sich fallen und flog unter Spitz hindurch.

Но в последната секунда той се спусна ниско и профуча под Шпиц.
Seine Zähne schnappten um Spitz' linkes Vorderbein.
Зъбите му се забиха в предния ляв крак на Шпиц с щракване.
Spitz stand nun unsicher da, sein Gewicht ruhte nur noch auf drei Beinen.
Шпиц сега стоеше нестабилно, тежестта му се крепеше само на три крака.
Buck schlug erneut zu und versuchte dreimal, ihn zu Fall zu bringen.
Бък удари отново, опита се три пъти да го повали.
Beim vierten Versuch nutzte er denselben Zug mit Erfolg
На четвъртия опит той използва същия ход с успех.
Diesmal gelang es Buck, Spitz in das rechte Bein zu beißen.
Този път Бък успя да захапе десния крак на Шпиц.
Obwohl Spitz verkrüppelt war und große Schmerzen litt, kämpfte er weiter ums Überleben.
Шпиц, макар и осакатен и в агония, продължаваше да се бори да оцелее.
Er sah, wie der Kreis der Huskys enger wurde, die Zungen herausstreckten und deren Augen leuchteten.
Той видя как кръгът от хъските се стегна, с изплезени езици и светещи очи.
Sie warteten darauf, ihn zu verschlingen, so wie sie es mit anderen getan hatten.
Те чакаха да го погълнат, точно както бяха направили с другите.
Dieses Mal stand er im Mittelpunkt: besiegt und verdammt.
Този път той стоеше в центъра; победен и обречен.
Für den weißen Hund gab es jetzt keine Möglichkeit mehr zu entkommen.
Сега бялото куче нямаше друг избор да избяга.
Buck kannte keine Gnade, denn Gnade hatte in der Wildnis nichts zu suchen.
Бък не показа милост, защото милостта не беше място за дивата природа.

Buck bewegte sich vorsichtig und bereitete sich auf den letzten Angriff vor.
Бък се движеше внимателно, подготвяйки се за последната атака.
Der Kreis der Huskys schloss sich, er spürte ihren warmen Atem.
Кръгът от хъските се затвори; той усети топлите им дъхи.
Sie duckten sich und waren bereit, im richtigen Moment zu springen.
Те се приклекнаха ниско, готови да скочат, когато моментът настъпи.
Spitz zitterte im Schnee, knurrte und veränderte seine Haltung.
Шпиц трепереше в снега, ръмжеше и местеше стойката си.
Seine Augen funkelten, seine Lippen waren gekräuselt und seine Zähne blitzten in verzweifelter Drohung.
Очите му блестяха, устните му се извиха, зъбите му проблясваха в отчаяна заплаха.
Er taumelte und versuchte immer noch, dem kalten Biss des Todes standzuhalten.
Той се олюля, все още опитвайки се да сдържи студения ухапване на смъртта.
Er hatte das schon früher erlebt, aber immer von der Gewinnerseite.
Беше виждал това и преди, но винаги от печелившата страна.
Jetzt war er auf der Verliererseite, der Besiegte, die Beute, der Tod.
Сега той беше на страната на губещите; победените; плячката; смъртта.
Buck umkreiste ihn für den letzten Schlag, der Hundekreis rückte näher.
Бък се завъртя за последния удар, кръгът от кучета се притисна още по-близо.
Er konnte ihren heißen Atem spüren; bereit zum Töten.
Той усещаше горещите им дъхове; готови за убийство.

Stille breitete sich aus; alles war an seinem Platz; die Zeit war stehen geblieben.
Настъпи тишина; всичко си беше на мястото; времето беше спряло.
Sogar die kalte Luft zwischen ihnen gefror für einen letzten Moment.
Дори студеният въздух между тях замръзна за последен миг.
Nur Spitz bewegte sich und versuchte, sein bitteres Ende abzuwenden.
Само Шпиц се движеше, опитвайки се да сдържи горчивия си край.
Der Kreis der Hunde schloss sich um ihn, und das war sein Schicksal.
Кръгът от кучета се затваряше около него, както и съдбата му.
Er war jetzt verzweifelt, da er wusste, was passieren würde.
Сега беше отчаян, знаейки какво ще се случи.
Buck sprang hinein, Schulter an Schulter traf ein letztes Mal.
Бък скочи напред, рамо срещна рамо за последен път.
Die Hunde drängten vorwärts und deckten Spitz in der verschneiten Dunkelheit.
Кучетата се втурнаха напред, покривайки Шпиц в снежния мрак.
Buck sah zu, aufrecht stehend; der Sieger in einer wilden Welt.
Бък наблюдаваше, изправен; победителят в един див свят.
Das dominante Urtier hatte seine Beute gemacht, und es war gut.
Доминиращият първичен звяр беше направил своето убийство и това беше добре.

Wer die Meisterschaft erlangt hat
Този, който е спечелил майсторство

„Wie? Was habe ich gesagt? Ich sage die Wahrheit, wenn ich sage, dass Buck ein Teufel ist."

„А? Какво казах? Прав съм, когато казвам, че Бък е дявол."

François sagte dies am nächsten Morgen, nachdem er festgestellt hatte, dass Spitz verschwunden war.

Франсоа каза това на следващата сутрин, след като откри, че Шпиц е изчезнал.

Buck stand da, übersät mit Wunden aus dem erbitterten Kampf.

Бък стоеше там, покрит с рани от ожесточената битка.

François zog Buck zum Feuer und zeigte auf die Verletzungen.

Франсоа придърпа Бък близо до огъня и посочи раните.

„Dieser Spitz hat gekämpft wie der Devik", sagte Perrault und beäugte die tiefen Schnittwunden.

„Този Шпиц се биеше като Девик", каза Перо, оглеждайки дълбоките рани.

„Und dieser Buck hat wie zwei Teufel gekämpft", antwortete François sofort.

— И че Бък се биеше като два дявола — отвърна веднага Франсоа.

„Jetzt kommen wir gut voran; kein Spitz mehr, kein Ärger mehr."

„Сега ще се справим добре; край на Шпиц, край на неприятностите."

Perrault packte die Ausrüstung und belud den Schlitten sorgfältig.

Перо опаковаше багажа и товареше шейната внимателно.

François spannte die Hunde für den Lauf des Tages an.

Франсоа впрегна кучетата, подготвяйки ги за дневното бягане.

Buck trabte direkt an die Führungsposition, die einst Spitz innehatte.

Бък се затича право към водещата позиция, която някога заемаше Шпиц.
Doch François bemerkte es nicht und führte Solleks nach vorne.
Но Франсоа, без да забелязва, поведе Солекс напред към предната част.
Nach François' Einschätzung war Solleks nun der beste Leithund.
Според преценката на Франсоа, Солекс вече беше най-доброто куче-водач.
Buck stürzte sich wütend auf Solleks und trieb ihn aus Protest zurück.
Бък се нахвърли яростно върху Солекс и го отблъсна в знак на протест.
Er stand dort, wo einst Spitz gestanden hatte, und beanspruchte die Führungsposition.
Той застана там, където някога беше стоял Шпиц, претендирайки за водещата позиция.
„Wie? Wie?", rief François und schlug sich amüsiert auf die Schenkel.
„А? А?" — извика Франсоа, като се пляскаше развеселено по бедрата.
„Sehen Sie sich Buck an – er hat Spitz umgebracht und jetzt will er ihm den Job wegnehmen!"
„Виж Бък — той уби Шпиц, а сега иска да вземе работата!"
„Geh weg, Chook!", schrie er und versuchte, Buck zu vertreiben.
„Махай се, Чук!" – извика той, опитвайки се да прогони Бък.
Aber Buck weigerte sich, sich zu bewegen und blieb fest im Schnee stehen.
Но Бък отказа да помръдне и стоеше здраво в снега.
François packte Buck am Genick und zog ihn beiseite.
Франсоа сграбчи Бък за яката и го дръпна настрани.
Buck knurrte leise und drohend, griff aber nicht an.
Бък изръмжа ниско и заплашително, но не атакува.

François brachte Solleks wieder in Führung und versuchte, den Streit zu schlichten
Франсоа отново изведе Солекс напред, опитвайки се да разреши спора

Der alte Hund zeigte Angst vor Buck und wollte nicht bleiben.
Старото куче показа страх от Бък и не искаше да остане.

Als François ihm den Rücken zuwandte, verjagte Buck Solleks wieder.
Когато Франсоа му обърна гръб, Бък отново изгони Солекс.

Solleks leistete keinen Widerstand und trat erneut leise zur Seite.
Солекс не се съпротивляваше и тихо се отдръпна отново.

François wurde wütend und schrie: „Bei Gott, ich werde dich heilen!"
Франсоа се ядоса и извика: „За Бога, ще те оправя!"

Er kam mit einer schweren Keule in der Hand auf Buck zu.
Той се приближи до Бък, държейки тежка тояга в ръка.

Buck erinnerte sich gut an den Mann im roten Pullover.
Бък добре си спомняше мъжа с червения пуловер.

Er zog sich langsam zurück, beobachtete François, knurrte jedoch tief.
Той се отдръпна бавно, наблюдавайки Франсоа, но ръмжейки дълбоко.

Er eilte nicht zurück, auch nicht, als Solleks an seiner Stelle stand.
Той не се втурна назад, дори когато Солекс застана на негово място.

Buck kreiste knapp außerhalb seiner Reichweite und knurrte wütend und protestierend.
Бък се завъртя точно извън обсега им, ръмжейки от ярост и протест.

Er behielt den Schläger im Auge und war bereit auszuweichen, falls François warf.
Той не откъсваше очи от стика, готов да се измъкне, ако Франсоа хвърли.

Er war weise und vorsichtig geworden im Umgang mit bewaffneten Männern.
Той беше станал мъдър и предпазлив по отношение на оръжейните мъже.
François gab auf und rief Buck erneut an seinen alten Platz.
Франсоа се отказа и отново повика Бък на предишното му място.
Aber Buck trat vorsichtig zurück und weigerte sich, dem Befehl Folge zu leisten.
Но Бък отстъпи предпазливо назад, отказвайки да се подчини на заповедта.
François folgte ihm, aber Buck wich nur ein paar Schritte zurück.
Франсоа го последва, но Бък отстъпи само още няколко крачки.
Nach einiger Zeit warf François frustriert die Waffe hin.
След известно време Франсоа хвърли оръжието от отчаяние.
Er dachte, Buck hätte Angst vor einer Tracht Prügel und würde ruhig kommen.
Той си помисли, че Бък се страхува от побой и ще дойде тихо.
Aber Buck wollte sich nicht vor einer Strafe drücken – er kämpfte um seinen Rang.
Но Бък не избягваше наказанието — той се бореше за ранг.
Er hatte sich den Platz als Leithund durch einen Kampf auf Leben und Tod verdient
Той си беше спечелил мястото на куче-водещ чрез битка до смърт.
er würde sich mit nichts Geringerem zufrieden geben, als der Anführer zu sein.
Той нямаше да се задоволи с нищо по-малко от това да бъде лидер.

Perrault beteiligte sich an der Verfolgung, um den rebellischen Buck zu fangen.

Перо се намеси в преследването, за да помогне за залавянето на непокорния Бък.
Gemeinsam ließen sie ihn fast eine Stunde lang durch das Lager laufen.
Заедно го разхождаха из лагера близо час.
Sie warfen Knüppel nach ihm, aber Buck wich jedem Schlag geschickt aus.
Хвърляха тояги по него, но Бък умело избягваше всяка една от тях.
Sie verfluchten ihn, seine Vorfahren, seine Nachkommen und jedes Haar an ihm.
Те проклеха него, предците му, потомците му и всеки косъм по него.
Aber Buck knurrte nur zurück und blieb gerade außerhalb ihrer Reichweite.
Но Бък само изръмжа в отговор и остана точно извън обсега им.
Er versuchte nie wegzulaufen, sondern umkreiste das Lager absichtlich.
Той никога не се е опитвал да избяга, а умишлено е обикалял лагера.
Er machte klar, dass er gehorchen würde, sobald sie ihm gäben, was er wollte.
Той ясно заяви, че ще се подчини, щом му дадат това, което иска.
Schließlich setzte sich François hin und kratzte sich frustriert am Kopf.
Франсоа най-накрая седна и се почеса по главата отчаяно.
Perrault sah auf seine Uhr, fluchte und murmelte etwas über die verlorene Zeit.
Перо погледна часовника си, изруга и промърмори за изгубеното време.
Obwohl sie eigentlich auf der Spur sein sollten, war bereits eine Stunde vergangen.
Вече беше минал един час, откакто трябваше да са на пътеката.

François zuckte verlegen mit den Achseln, als der Kurier resigniert seufzte.
Франсоа сви плахо рамене към куриера, който въздъхна победено.
Dann ging François zu Solleks und rief Buck noch einmal.
След това Франсоа отиде до Солекс и отново извика Бък.
Buck lachte wie ein Hund, wahrte jedoch vorsichtig seine Distanz.
Бък се засмя като кучешки смях, но запази предпазлива дистанция.
François nahm Solleks das Geschirr ab und brachte ihn an seinen Platz zurück.
Франсоа свали хамута на Солекс и го върна на мястото му.
Das Schlittenteam stand voll angespannt da, nur ein Platz war unbesetzt.
Впрягът с шейни беше напълно впрегнат, като само едно място беше незаето.
Die Führungsposition blieb leer und war eindeutig nur für Buck bestimmt.
Водещата позиция остана празна, очевидно предназначена само за Бък.
François rief erneut, und wieder lachte Buck und blieb standhaft.
Франсоа извика отново и Бък отново се засмя и удържа позицията си.
„Wirf die Keule weg", befahl Perrault ohne zu zögern.
„Хвърли тоягата", заповяда Перо без колебание.
François gehorchte und Buck trabte sofort stolz vorwärts.
Франсоа се подчини и Бък веднага гордо тръгна напред.
Er lachte triumphierend und übernahm die Führungsposition.
Той се засмя триумфално и зае водещата позиция.
François befestigte seine Leinen und der Schlitten wurde losgerissen.
Франсоа закрепи следите си и шейната се откъсна.
Beide Männer liefen neben dem Team her, als es auf den Flusspfad rannte.

И двамата мъже тичаха редом с екипа, който се втурваше по пътеката край реката.
François hatte Bucks „zwei Teufel" sehr geschätzt,
Франсоа имаше високо мнение за „двамата дяволи" на Бък
aber er merkte bald, dass er den Hund tatsächlich unterschätzt hatte.
но скоро осъзна, че всъщност е подценил кучето.
Buck übernahm schnell die Führung und erbrachte hervorragende Leistungen.
Бък бързо пое лидерството и се представи отлично.
In puncto Urteilsvermögen, schnelles Denken und schnelles Handeln übertraf Buck Spitz.
По преценка, бързо мислене и бързи действия Бък превъзхождаше Шпиц.
François hatte noch nie einen Hund gesehen, der dem von Buck gleichkam.
Франсоа никога не беше виждал куче, равностойно на това, което Бък сега демонстрираше.
Aber Buck war wirklich herausragend darin, für Ordnung zu sorgen und Respekt zu erlangen.
Но Бък наистина се отличаваше в налагането на ред и внушаването на уважение.
Dave und Solleks akzeptierten die Änderung ohne Bedenken oder Protest.
Дейв и Солекс приеха промяната без притеснение или протест.
Sie konzentrierten sich nur auf die Arbeit und zogen kräftig die Zügel an.
Те се съсредоточиха само върху работата и здраво дърпаха юздите.
Es war ihnen egal, wer führte, solange der Schlitten in Bewegung blieb.
Малко ги интересуваше кой води, стига шейната да продължаваше да се движи.
Billee, der Fröhliche, hätte, soweit es sie interessierte, die Führung übernehmen können.

Били, веселата, можеше да поведе, колкото и да ги интересуваше.
Was ihnen wichtig war, waren Frieden und Ordnung in den Reihen.
За тях важни бяха мирът и редът в редиците.

Der Rest des Teams war während Spitz' Niedergang unbändig geworden.
Останалата част от отбора беше станала непокорна по време на упадъка на Шпиц.
Sie waren schockiert, als Buck sie sofort zur Ordnung rief.
Те бяха шокирани, когато Бък веднага ги подреди.
Pike war immer faul gewesen und hatte Buck hinterhergehangen.
Пайк винаги беше мързелив и се беше влачил след Бък.
Doch nun wurde er von der neuen Führung scharf diszipliniert.
Но сега беше строго дисциплиниран от новото ръководство.
Und er lernte schnell, seinen Teil zum Team beizutragen.
И той бързо се научи да играе важна роля в отбора.
Am Ende des Tages hatte Pike härter gearbeitet als je zuvor.
Към края на деня Пайк работеше по-усърдно от всякога.
In dieser Nacht im Lager wurde Joe, der mürrische Hund, endlich beruhigt.
Същата нощ в лагера Джо, киселото куче, най-накрая беше покорен.
Spitz hatte es nicht geschafft, ihn zu disziplinieren, aber Buck versagte nicht.
Шпиц не успя да го накаже, но Бък не се провали.
Durch die Nutzung seines größeren Gewichts überwältigte Buck Joe in Sekundenschnelle.
Използвайки по-голямата си тежест, Бък надви Джо за секунди.
Er biss und schlug Joe, bis dieser wimmerte und aufhörte, sich zu wehren.

Той хапеше и удряше Джо, докато той не изскимтя и не спря да се съпротивлява.
Von diesem Moment an verbesserte sich das gesamte Team.
Целият отбор се подобри от този момент нататък.
Die Hunde erlangten ihre alte Einheit und Disziplin zurück.
Кучетата възвърнаха старото си единство и дисциплина.
In Rink Rapids kamen zwei neue einheimische Huskies hinzu, Teek und Koona.
В Ринк Рапидс се присъединиха две нови местни хъскита, Тийк и Куна.
Bucks schnelle Ausbildung erstaunte sogar François.
Бързото обучение на Бък изуми дори Франсоа.
„So einen Hund wie diesen Buck hat es noch nie gegeben!", rief er erstaunt.
„Никога не е имало такова куче като този Бък!" – извика той с удивление.
„Nein, niemals! Er ist tausend Dollar wert, bei Gott!"
„Не, никога! Той струва хиляда долара, за бога!"
„Wie? Was sagst du dazu, Perrault?", fragte er stolz.
„А? Какво ще кажеш, Перо?" — попита той с гордост.
Perrault nickte zustimmend und überprüfte seine Notizen.
Перо кимна в знак на съгласие и провери бележките си.
Wir liegen bereits vor dem Zeitplan und kommen täglich weiter voran.
Вече изпреварваме графика и всеки ден печелим повече.
Der Weg war festgestampft und glatt, es lag kein Neuschnee.
Пътеката беше твърда и гладка, без пресен сняг.
Es war konstant kalt und lag die ganze Zeit bei minus fünfzig Grad.
Студът беше постоянен, като през цялото време се движеше около петдесет градуса под нулата.
Die Männer ritten und rannten abwechselnd, um sich warm zu halten und Zeit zu gewinnen.
Мъжете яздеха и тичаха на свой ред, за да се стоплят и да си намерят време.

Die Hunde rannten schnell, mit wenigen Pausen, immer vorwärts.
Кучетата тичаха бързо с малко спирания, винаги натискайки напред.
Der Thirty Mile River war größtenteils zugefroren und leicht zu überqueren.
Река Тридесет и миля беше предимно замръзнала и лесна за преминаване.
Was zehn Tage gedauert hatte, wurde an einem Tag verschickt.
Те излязоха за един ден, това, което им отне десет дни, за да пристигнат.
Sie legten einen sechsundneunzig Kilometer langen Sprint vom Lake Le Barge nach White Horse zurück.
Те направиха шестдесеткилометров бяг от езерото Льо Барж до Белия кон.
Sie bewegten sich unglaublich schnell über die Seen Marsh, Tagish und Bennett.
През езерата Марш, Тагиш и Бенет те се движеха невероятно бързо.
Der laufende Mann wird an einem Seil hinter dem Schlitten hergezogen.
Бягащият мъж теглеше шейната по въже.
In der letzten Nacht der zweiten Woche erreichten sie ihr Ziel.
В последната нощ на втората седмица те стигнаха до местоназначението си.
Sie hatten gemeinsam die Spitze des White Pass erreicht.
Бяха стигнали заедно върха на Белия проход.
Sie sanken auf Meereshöhe hinab, mit den Lichtern von Skaguay unter ihnen.
Те се спуснаха до морското равнище, а светлините на Скагуей бяха под тях.
Es war ein Rekordlauf durch kilometerlange kalte Wildnis.
Това беше рекордно бягане през километри студена пустош.

An vierzehn aufeinanderfolgenden Tagen legten sie im Durchschnitt satte vierundsechzig Kilometer zurück.
В продължение на четиринадесет дни те изминаваха средно по четиридесет мили.
In Skaguay transportierten Perrault und François Fracht durch die Stadt.
В Скагуей Перо и Франсоа превозвали товари през града.
Die bewundernde Menge jubelte ihnen zu und bot ihnen viele Getränke an.
Те бяха аплодирани и им предлагани много напитки от възхитената тълпа.
Hundefänger und Arbeiter versammelten sich um das berühmte Hundegespann.
Ловци на кучета и работници се събраха около известния кучешки впряг.
Dann kamen Gesetzlose aus dem Westen in die Stadt und erlitten eine brutale Niederlage.
Тогава западни разбойници дойдоха в града и претърпяха жестоко поражение.
Die Leute vergaßen bald das Team und konzentrierten sich auf neue Dramen.
Хората скоро забравиха отбора и се съсредоточиха върху нова драма.
Dann kamen die neuen Befehle, die alles auf einen Schlag veränderten.
След това дойдоха новите заповеди, които промениха всичко наведнъж.
François rief Buck zu sich und umarmte ihn mit tränenreichem Stolz.
Франсоа повика Бък при себе си и го прегърна със сълзи на гордост.
In diesem Moment sah Buck François zum letzten Mal wieder.
Този момент беше последният път, когато Бък видя Франсоа отново.
Wie viele Männer zuvor waren sowohl François als auch Perrault nicht mehr da.

Както много мъже преди това, и Франсоа, и Перо ги нямаше.

Ein schottischer Mischling übernahm das Kommando über Buck und seine Schlittenhunde-Kollegen.

Шотландско куче от смесена порода пое отговорност за Бък и неговите съотборници, впрегатни кучета.

Mit einem Dutzend anderer Hundegespanne kehrten sie auf dem Weg nach Dawson zurück.

С дузина други кучешки впрягове те се върнаха по пътеката към Доусън.

Es war kein Schnelllauf mehr, sondern harte Arbeit mit einer schweren Last jeden Tag.

Вече не беше бързо бягане — просто тежък труд с тежък товар всеки ден.

Dies war der Postzug, der den Goldsuchern in der Nähe des Pols Nachrichten brachte.

Това беше пощенският влак, който носеше вест на ловците на злато близо до полюса.

Buck mochte die Arbeit nicht, ertrug sie jedoch gut und war stolz auf seine Leistung.

Бък не харесваше работата, но я понасяше добре, гордеейки се с усилията си.

Wie Dave und Solleks zeigte Buck Hingabe bei jeder täglichen Aufgabe.

Подобно на Дейв и Солекс, Бък показваше всеотдайност към всяка ежедневна задача.

Er stellte sicher, dass jeder seiner Teamkollegen seinen Teil beitrug.

Той се увери, че всеки от съотборниците му се справя с тежестта, която му е отредена.

Das Leben auf dem Trail wurde langweilig und wiederholte sich mit der Präzision einer Maschine.

Животът по пътеките стана скучен, повтарящ се с прецизността на машина.

Jeder Tag fühlte sich gleich an, ein Morgen ging in den nächsten über.

Всеки ден се усещаше един и същ, една сутрин се сливаше със следващата.
Zur gleichen Stunde standen die Köche auf, um Feuer zu machen und Essen zuzubereiten.
В същия час готвачите станаха, за да запалят огньове и да приготвят храна.
Nach dem Frühstück verließen einige das Lager, während andere die Hunde anspannten.
След закуска някои напуснаха лагера, докато други впрегнаха кучетата.
Sie machten sich auf den Weg, bevor die schwache Morgendämmerung den Himmel berührte.
Те стигнаха до пътеката, преди смътният лъч на зората да докосне небето.
Nachts hielten sie an, um ihr Lager aufzuschlagen, wobei jeder Mann eine festgelegte Aufgabe hatte.
През нощта те спираха, за да направят лагер, като всеки мъж имаше определена задача.
Einige stellten die Zelte auf, andere hackten Feuerholz und sammelten Kiefernzweige.
Някои опънаха палатките, други секоха дърва за огрев и събираха борови клони.
Zum Abendessen wurde den Köchen Wasser oder Eis mitgebracht.
За вечерята на готвачите се носеше вода или лед.
Die Hunde wurden gefüttert und das war für sie der schönste Teil des Tages.
Кучетата бяха нахранени и това беше най-хубавата част от деня за тях.
Nachdem sie Fisch gegessen hatten, entspannten sich die Hunde und machten es sich in der Nähe des Feuers gemütlich.
След като ядоха риба, кучетата се отпуснаха и се излежаваха близо до огъня.
Im Konvoi waren noch hundert andere Hunde, unter die man sich mischen konnte.

В конвоя имаше още стотина кучета, с които можеше да се смеси.
Viele dieser Hunde waren wild und kämpften ohne Vorwarnung.
Много от тези кучета бяха свирепи и бързи да се бият без предупреждение.
Doch nach drei Siegen war Buck selbst den härtesten Kämpfern überlegen.
Но след три победи, Бък овладя дори най-свирепите бойци.
Als Buck nun knurrte und die Zähne fletschte, traten sie zur Seite.
Сега, когато Бък изръмжа и показа зъби, те се отдръпнаха.
Und das Beste war vielleicht, dass Buck es liebte, neben dem flackernden Lagerfeuer zu liegen.
Може би най-хубавото от всичко беше, че Бък обичаше да лежи близо до трепкащия лагерен огън.
Er hockte mit angezogenen Hinterbeinen und nach vorne gestreckten Vorderbeinen.
Той клекна със свити задни крака и предни, изпънати напред.
Er hatte den Kopf erhoben und blinzelte sanft in die glühenden Flammen.
Главата му беше вдигната, докато премигваше тихо към светещите пламъци.
Manchmal musste er an Richter Millers großes Haus in Santa Clara denken.
Понякога си спомняше голямата къща на съдия Милър в Санта Клара.
Er dachte an den Zementpool, an Ysabel und den Mops namens Toots.
Той си помисли за циментовия басейн, за Изабел и мопса на име Тутс.
Aber häufiger musste er an die Keule des Mannes mit dem roten Pullover denken.
Но по-често си спомняше за мъжа с червения пуловер.

Er erinnerte sich an Curlys Tod und seinen erbitterten Kampf mit Spitz.
Той си спомни смъртта на Кърли и ожесточената му битка със Шпиц.
Er erinnerte sich auch an das gute Essen, das er gegessen hatte oder von dem er immer noch träumte.
Той си спомни и хубавата храна, която беше ял или за която все още мечтаеше.
Buck hatte kein Heimweh – das warme Tal war weit weg und unwirklich.
Бък не изпитваше носталгия — топлата долина беше далечна и нереална.
Die Erinnerungen an Kalifornien hatten keine große Anziehungskraft mehr auf ihn.
Спомените за Калифорния вече не го привличаха особено.
Stärker als die Erinnerung waren die tief in seinem Blut verwurzelten Instinkte.
По-силни от паметта бяха инстинктите, дълбоко заложени в кръвта му.
Einst verlorene Gewohnheiten waren zurückgekehrt und durch den Weg und die Wildnis wiederbelebt worden.
Някога загубените навици се бяха завърнали, съживени от пътеката и дивата природа.
Während Buck das Feuerlicht betrachtete, veränderte sich seine Wahrnehmung manchmal.
Докато Бък наблюдаваше светлината на огъня, тя понякога се превръщаше в нещо друго.
Er sah im Feuerschein ein anderes Feuer, älter und tiefer als das gegenwärtige.
В светлината на огъня той видя друг огън, по-стар и по-дълбок от сегашния.
Neben dem anderen Feuer hockte ein Mann, der anders aussah als der Mischlingskoch.
До другия огън се беше свил мъж, различен от готвача-мелез.
Diese Figur hatte kurze Beine, lange Arme und harte, verknotete Muskeln.

Тази фигура имаше къси крака, дълги ръце и твърди, стегнати мускули.
Sein Haar war lang und verfilzt und fiel von den Augen nach hinten ab.
Косата му беше дълга и сплъстена, спускаща се назад от очите.
Er gab seltsame Geräusche von sich und starrte voller Angst in die Dunkelheit.
Той издаваше странни звуци и се взираше уплашено в тъмнината.
Er hielt eine Steinkeule tief in seiner langen, rauen Hand fest.
Той държеше ниско каменна тояга, здраво стисната в дългата му груба ръка.
Der Mann trug wenig, nur eine verkohlte Haut, die ihm den Rücken hinunterhing.
Мъжът носеше оскъдно облекло; само обгорена кожа, която висеше по гърба му.
Sein Körper war an Armen, Brust und Oberschenkeln mit dichtem Haar bedeckt.
Тялото му беше покрито с гъста коса по ръцете, гърдите и бедрата.
Einige Teile des Haares waren zu rauen Fellbüscheln verfilzt.
Някои части от косата бяха преплетени на кичури груба козина.
Er stand nicht gerade, sondern war von der Hüfte bis zu den Knien nach vorne gebeugt.
Той не стоеше изправен, а се наведе напред от бедрата до колената.
Seine Schritte waren federnd und katzenartig, als wäre er immer zum Sprung bereit.
Стъпките му бяха пружиниращи и котешки, сякаш винаги готов да скочи.
Er war in höchster Wachsamkeit, als lebte er in ständiger Angst.

Имаше остра бдителност, сякаш живееше в постоянен страх.
Dieser alte Mann schien mit Gefahr zu rechnen, ob er die Gefahr nun sah oder nicht.
Този древен мъж сякаш очакваше опасност, независимо дали опасността беше видима или не.
Manchmal schlief der haarige Mann am Feuer, den Kopf zwischen die Beine gesteckt.
Понякога косматият мъж спеше край огъня, с глава, пъхната между краката.
Seine Ellbogen ruhten auf seinen Knien, die Hände waren über seinem Kopf gefaltet.
Лактите му бяха опряни на коленете, ръцете му бяха скръстени над главата.
Wie ein Hund benutzte er seine haarigen Arme, um den fallenden Regen abzuschütteln.
Като куче той използваше космитите си ръце, за да се отърси от падащия дъжд.
Hinter dem Feuerschein sah Buck zwei Kohlen im Dunkeln glühen.
Отвъд светлината на огъня Бък видя два жарава, светещи в тъмнината.
Immer zu zweit, waren sie die Augen der sich anpirschenden Raubtiere.
Винаги по двама, те бяха очите на дебнещи хищни зверове.
Er hörte, wie Körper durchs Unterholz krachten und Geräusche in der Nacht.
Той чуваше как тела се разбиват през храстите и звуци, издавани през нощта.
Buck lag blinzelnd am Ufer des Yukon und träumte am Feuer.
Лежейки на брега на Юкон и примигвайки, Бък сънува край огъня.
Die Anblicke und Geräusche dieser wilden Welt ließen ihm die Haare zu Berge stehen.

Гледките и звуците на този див свят накараха косата му да настръхне.

Das Fell stand ihm über den Rücken, die Schultern und den Hals hinauf.

Козината се надигаше по гърба му, раменете и нагоре по врата му.

Er wimmerte leise oder gab ein tiefes Knurren aus der Brust von sich.

Той тихо изскимтя или изръмжа дълбоко в гърдите си.

Dann rief der Mischlingskoch: „Hey, du Buck, wach auf!"

Тогава готвачът-метис извика: „Хей, Бък, събуди се!"

Die Traumwelt verschwand und das wirkliche Leben kehrte in Bucks Augen zurück.

Светът на сънищата изчезна и истинският живот се завърна в очите на Бък.

Er wollte aufstehen, sich strecken und gähnen, als wäre er aus einem Nickerchen erwacht.

Щеше да стане, да се протегне и да се прозяе, сякаш се е събудил от дрямка.

Die Reise war anstrengend, da sie den Postschlitten hinter sich herziehen mussten.

Пътуването беше трудно, пощенската шейна се влачеше зад тях.

Schwere Lasten und harte Arbeit zermürbten die Hunde jeden langen Tag.

Тежките товари и тежката работа изтощаваха кучетата всеки дълъг ден.

Sie kamen dünn und müde in Dawson an und brauchten über eine Woche Ruhe.

Пристигнаха в Доусън измършавели, уморени и нуждаещи се от повече от седмица почивка.

Doch nur zwei Tage später machten sie sich erneut auf den Weg den Yukon hinunter.

Но само два дни по-късно те отново тръгнаха по Юкон.

Sie waren mit weiteren Briefen beladen, die für die Außenwelt bestimmt waren.

Те бяха натоварени с още писма, предназначени за външния свят.
Die Hunde waren erschöpft und die Männer beschwerten sich ständig.
Кучетата бяха изтощени, а мъжете непрекъснато се оплакваха.
Jeden Tag fiel Schnee, der den Weg weicher machte und die Schlitten verlangsamte.
Сняг валеше всеки ден, омекотявайки пътеката и забавяйки шейните.
Dies führte zu einem stärkeren Ziehen und einem größeren Widerstand der Läufer.
Това доведе до по-трудно дърпане и по-голямо съпротивление на бегачите.
Trotzdem waren die Fahrer fair und kümmerten sich um ihre Teams.
Въпреки това, пилотите бяха коректни и се грижеха за отборите си.
Jeden Abend wurden die Hunde gefüttert, bevor die Männer etwas zu essen bekamen.
Всяка вечер кучетата били хранени, преди мъжете да се нахранят.
Kein Mann geht schlafen, ohne vorher die Pfoten seines eigenen Hundes zu kontrollieren.
Никой човек не е спал, преди да провери краката на собственото си куче.
Dennoch wurden die Hunde mit jeder zurückgelegten Strecke schwächer.
Въпреки това, кучетата отслабваха с напредването на километрите.
Sie waren den ganzen Winter über zweitausendachthundert Kilometer gereist.
Бяха изминали хиляда и осемстотин мили през зимата.
Sie zogen Schlitten über jede Meile dieser brutalen Distanz.
Те теглиха шейни през всяка миля от това брутално разстояние.

Selbst die härtesten Schlittenhunde spüren nach so vielen Kilometern die Belastung.
Дори най-издръжливите кучета за впряг чувстват напрежение след толкова много километри.
Buck hielt durch, sorgte für die Weiterarbeit seines Teams und sorgte für die nötige Disziplin.
Бък се държеше, поддържаше екипа си в действие и поддържаше дисциплина.
Aber Buck war müde, genau wie die anderen auf der langen Reise.
Но Бък беше уморен, точно както останалите по време на дългото пътуване.
Billee wimmerte und weinte jede Nacht ohne Ausnahme im Schlaf.
Били хленчеше и плачеше насън всяка нощ без прекъсване.
Joe wurde noch verbitterter und Solleks blieb kalt und distanziert.
Джо се огорчи още повече, а Солекс остана студен и дистанциран.
Doch Dave war derjenige des gesamten Teams, der am meisten darunter litt.
Но Дейв пострада най-много от целия екип.
Irgendetwas in seinem Inneren war schiefgelaufen, doch niemand wusste, was.
Нещо се беше объркало вътре в него, макар че никой не знаеше какво.
Er wurde launischer und fuhr andere mit wachsender Wut an.
Той ставаше по-настроен и се сърдеше на другите с нарастващ гняв.
Jede Nacht ging er direkt zu seinem Nest und wartete darauf, gefüttert zu werden.
Всяка вечер той отиваше директно в гнездото си, чакайки да бъде нахранен.
Als Dave einmal unten war, stand er bis zum Morgen nicht mehr auf.

След като легна, Дейв не стана до сутринта.
Plötzliche Rucke oder Anlaufe an den Zügeln ließen ihn vor Schmerzen aufschreien.
При юздите, внезапни потрепвания или стряскания го караха да извика от болка.
Sein Fahrer suchte nach der Ursache, konnte jedoch keine Verletzungen feststellen.
Шофьорът му потърси причината, но не откри никакви наранявания по него.
Alle Fahrer beobachteten Dave und besprachen seinen Fall.
Всички шофьори започнаха да наблюдават Дейв и да обсъждат неговия случай.
Sie unterhielten sich beim Essen und während ihrer letzten Zigarette des Tages.
Те разговаряха по време на хранене и по време на последната си цигара за деня.
Eines Nachts hielten sie eine Versammlung ab und brachten Dave zum Feuer.
Една вечер те проведоха събрание и доведоха Дейв до огъня.
Sie drückten und untersuchten seinen Körper und er schrie oft.
Те притискаха и сондираха тялото му и той често викаше.
Offensichtlich stimmte etwas nicht, auch wenn keine Knochen gebrochen zu sein schienen.
Очевидно нещо не беше наред, въпреки че костите не изглеждаха счупени.
Als sie Cassiar Bar erreichten, war Dave am Umfallen.
Когато стигнаха до бар „Касиар", Дейв вече падаше.
Der schottische Mischling machte Schluss und nahm Dave aus dem Team.
Шотландският мелез обяви край на отбора и извади Дейв от него.
Er befestigte Solleks an Daves Stelle, ganz vorne am Schlitten.
Той закрепи Солекс на мястото на Дейв, най-близо до предната част на шейната.

Er wollte Dave ausruhen und ihm die Freiheit geben, hinter dem fahrenden Schlitten herzulaufen.
Той възнамеряваше да остави Дейв да си почине и да тича свободно зад движещата се шейна.
Doch selbst als er krank war, hasste Dave es, von seinem Job geholt zu werden.
Но дори и болен, Дейв мразеше да го отнемат от работата, която беше заемал.
Er knurrte und wimmerte, als ihm die Zügel aus dem Körper gerissen wurden.
Той изръмжа и изскимтя, когато юздите бяха издърпани от тялото му.
Als er Solleks an seiner Stelle sah, weinte er vor gebrochenem Herzen.
Когато видя Солекс на негово място, той се разплака от съкрушена болка.
Dave war noch immer stolz auf seine Arbeit auf dem Weg, selbst als der Tod nahte.
Гордостта от работата по пътеките беше дълбока в Дейв, дори когато смъртта наближаваше.
Während der Schlitten fuhr, kämpfte sich Dave durch den weichen Schnee in der Nähe des Pfades.
Докато шейната се движеше, Дейв се промъкваше през мекия сняг близо до пътеката.
Er griff Solleks an, biss ihn und stieß ihn von der Seite des Schlittens.
Той нападна Солекс, хапейки го и бутвайки го от страната на шейната.
Dave versuchte, in das Geschirr zu springen und seinen Arbeitsplatz zurückzuerobern.
Дейв се опита да скочи в сбруята и да си върне работното място.
Er schrie, jammerte und weinte, hin- und hergerissen zwischen Schmerz und Stolz auf die Wehen.
Той викаше, хленчеше и плачеше, разкъсван между болката и гордостта от труда.

Der Mischling versuchte, Dave mit seiner Peitsche vom Team zu vertreiben.
Метисът използва камшика си, за да се опита да прогони Дейв от отбора.
Doch Dave ignorierte den Hieb und der Mann konnte nicht härter zuschlagen.
Но Дейв игнорира удара с камшик и мъжът не можа да го удари по-силно.
Dave lehnte den einfacheren Weg hinter dem Schlitten ab, wo der Schnee festgefahren war.
Дейв отказа по-лесния път зад шейната, където беше утъпкан сняг.
Stattdessen kämpfte er sich elend durch den tiefen Schnee neben dem Weg.
Вместо това, той се мъчеше в дълбокия сняг край пътеката, в мизерия.
Schließlich brach Dave zusammen, blieb im Schnee liegen und schrie vor Schmerzen.
Накрая Дейв се срина, легна в снега и виеше от болка.
Er schrie auf, als die lange Schlittenkette einer nach dem anderen an ihm vorbeifuhr.
Той извика, когато дългата колона от шейни го подмина една по една.
Dennoch stand er mit der ihm verbleibenden Kraft auf und stolperte ihnen hinterher.
Все пак, с останалите сили, той се изправи и се препъна след тях.
Als der Zug wieder anhielt, holte er ihn ein und fand seinen alten Schlitten.
Той настигна, когато влакът спря отново, и намери старата си шейна.
Er kämpfte sich an den anderen Teams vorbei und stand wieder neben Solleks.
Той се промъкна покрай другите отбори и отново застана до Солекс.
Als der Fahrer anhielt, um seine Pfeife anzuzünden, nutzte Dave seine letzte Chance.

Докато шофьорът спираше, за да запали лулата си, Дейв се възползва от последния си шанс.

Als der Fahrer zurückkam und schrie, bewegte sich das Team nicht weiter.

Когато шофьорът се върна и извика, екипът не продължи напред.

Die Hunde hatten ihre Köpfe gedreht, verwirrt durch den plötzlichen Stopp.

Кучетата бяха обърнали глави, объркани от внезапното спиране.

Auch der Fahrer war schockiert – der Schlitten hatte sich keinen Zentimeter vorwärts bewegt.

Шофьорът също беше шокиран — шейната не се беше помръднала нито сантиметър напред.

Er rief den anderen zu, sie sollten kommen und nachsehen, was passiert sei.

Той извика останалите да дойдат и да видят какво се е случило.

Dave hatte Solleks' Zügel durchgekaut und beide auseinandergerissen.

Дейв беше прегризал юздите на Солекс, счупвайки и двете.

Nun stand er vor dem Schlitten, wieder an seinem rechtmäßigen Platz.

Сега той стоеше пред шейната, отново на полагащото му се място.

Dave blickte zum Fahrer auf und flehte ihn stumm an, in der Spur zu bleiben.

Дейв погледна нагоре към шофьора, мълчаливо го умолявайки да не се отклонява от пътя.

Der Fahrer war verwirrt und wusste nicht, was er für den zappelnden Hund tun sollte.

Шофьорът беше озадачен, несигурен какво да направи с борещото се куче.

Die anderen Männer sprachen von Hunden, die beim Rausbringen gestorben waren.

Другите мъже говореха за кучета, които бяха умрели, след като бяха изведени навън.

Sie erzählten von alten oder verletzten Hunden, denen es das Herz brach, als sie zurückgelassen wurden.

Те разказваха за стари или ранени кучета, чиито сърца се късаха, когато ги оставиха.

Sie waren sich einig, dass es Gnade wäre, Dave sterben zu lassen, während er noch im Geschirr steckte.

Те се съгласиха, че е милост да оставят Дейв да умре, докато е още в сбруята си.

Er wurde wieder auf dem Schlitten festgeschnallt und Dave zog voller Stolz.

Той беше завързан обратно за шейната и Дейв я теглеше с гордост.

Obwohl er manchmal schrie, arbeitete er, als könne man den Schmerz ignorieren.

Въпреки че понякога викаше, той работеше така, сякаш болката можеше да бъде игнорирана.

Mehr als einmal fiel er und wurde mitgeschleift, bevor er wieder aufstand.

Неведнъж падаше и беше влачен, преди да се изправи отново.

Einmal wurde er vom Schlitten überrollt und von diesem Moment an humpelte er.

Веднъж шейната се преобърна върху него и от този момент нататък той накуцваше.

Trotzdem arbeitete er, bis das Lager erreicht war, und legte sich dann ans Feuer.

Въпреки това той работеше, докато стигна до лагера, а след това легна край огъня.

Am Morgen war Dave zu schwach, um zu reisen oder auch nur aufrecht zu stehen.

До сутринта Дейв беше твърде слаб, за да пътува или дори да стои изправен.

Als es Zeit war, das Geschirr anzulegen, versuchte er mit zitternder Anstrengung, seinen Fahrer zu erreichen.

В момента, в който се впрягаше, той се опита да стигне до шофьора си с трепереща усилие.
Er rappelte sich auf, taumelte und brach auf dem schneebedeckten Boden zusammen.
Той се насили да се изправи, олюля се и се строполи на заснежената земя.
Mithilfe seiner Vorderbeine zog er seinen Körper in Richtung des Angeschirrs.
Използвайки предните си крака, той завлачи тялото си към мястото за впрягане.
Zentimeter für Zentimeter schob er sich auf die Arbeitshunde zu.
Той се придвижваше напред, сантиметър по сантиметър, към работещите кучета.
Er verließ die Kraft, aber er machte mit seinem letzten verzweifelten Vorstoß weiter.
Силите му напуснаха, но той продължи да се движи в последния си отчаян тласък.
Seine Teamkollegen sahen ihn im Schnee nach Luft schnappen und sich immer noch danach sehnen, zu ihnen zu kommen.
Съотборниците му го видяха да се задъхва в снега, все още копнеещ да се присъедини към тях.
Sie hörten ihn vor Kummer schreien, als sie das Lager hinter sich ließen.
Чуха го да вие от тъга, когато напускаха лагера.
Als das Team zwischen den Bäumen verschwand, hallte Daves Schrei hinter ihnen wider.
Докато екипът изчезваше сред дърветата, викът на Дейв отекваше зад тях.
Der Schlittenzug hielt kurz an, nachdem er einen Abschnitt des Flusswalds überquert hatte.
Влакчето с шейни спря за кратко, след като прекоси ивица речна гора.
Der schottische Mischling ging langsam zurück zum Lager dahinter.
Шотландският мелез бавно се върна към лагера отзад.

Die Männer verstummten, als sie ihn den Schlittenzug verlassen sahen.
Мъжете млъкнаха, когато го видяха да напуска шейната.
Dann ertönte ein einzelner Schuss klar und scharf über den Weg.
Тогава един-единствен изстрел проехтя ясно и остро по пътеката.
Der Mann kam schnell zurück und nahm wortlos seinen Platz ein.
Мъжът се върна бързо и зае мястото си безмълвно.
Peitschen knallten, Glöckchen bimmelten und die Schlitten rollten durch den Schnee.
Камшици пращяха, звънци звъняха и шейните се търкаляха през снега.
Aber Buck wusste, was passiert war – und alle anderen Hunde auch.
Но Бък знаеше какво се е случило — както и всяко друго куче.

Die Mühen der Zügel und des Trails
Трудът на юздите и пътеката

Dreißig Tage nach dem Verlassen von Dawson erreichte die Salt Water Mail Skaguay.
Тридесет дни след като напусна Доусън, пощата на Солената вода пристигна в Скагуей.
Buck und seine Teamkollegen gingen in Führung, kamen aber in einem erbärmlichen Zustand an.
Бък и съотборниците му поведоха, пристигайки в окаяно състояние.
Buck hatte von hundertvierzig auf hundertfünfzehn Pfund abgenommen.
Бък беше свалил от сто четиридесет на сто и петнадесет паунда.
Die anderen Hunde hatten, obwohl kleiner, noch mehr Körpergewicht verloren.
Другите кучета, макар и по-дребни, бяха загубили още повече телесно тегло.
Pike, einst ein vorgetäuschter Hinker, schleppte nun ein wirklich verletztes Bein hinter sich her.
Пайк, някога фалшив куц, сега влачеше зад себе си наистина контузения си крак.
Solleks humpelte stark und Dub hatte ein verrenktes Schulterblatt.
Солекс куцаше силно, а Дъб имаше изкълчена лопатка.
Die Füße aller Hunde im Team waren von den Wochen auf dem gefrorenen Pfad wund.
Всяко куче в екипа имаше болки в краката от седмиците по замръзналата пътека.
Ihre Schritte waren völlig federnd und bewegten sich nur langsam und schleppend.
В стъпките им не остана никаква еластичност, само бавно, влачещо се движение.
Ihre Füße treffen den Weg hart und jeder Schritt belastet ihren Körper stärker.

Краката им стъпваха силно по пътеката, всяка стъпка добавяше все повече напрежение към телата им.

Sie waren nicht krank, sondern nur so erschöpft, dass sie sich auf natürliche Weise nicht mehr erholen konnten.

Те не бяха болни, а само изтощени до невъзстановимост.

Dies war nicht die Müdigkeit eines harten Tages, die durch eine Nachtruhe geheilt werden konnte.

Това не беше умора от един тежък ден, излекувана с нощна почивка.

Es war eine Erschöpfung, die sich durch monatelange, zermürbende Anstrengungen langsam aufgebaut hatte.

Това беше изтощение, натрупвано бавно в продължение на месеци на изтощителни усилия.

Es waren keine Kraftreserven mehr vorhanden, sie hatten alles aufgebraucht, was sie hatten.

Не им останаха никакви резервни сили — бяха изразходвали всичко, което имаха.

Jeder Muskel, jede Faser und jede Zelle ihres Körpers war erschöpft und abgenutzt.

Всеки мускул, влакно и клетка в телата им бяха изтощени и износени.

Und das hatte seinen Grund: Sie hatten zweitausendfünfhundert Meilen zurückgelegt.

И имаше причина — бяха изминали двеста и петстотин мили.

Auf den letzten zweitausendachthundert Kilometern hatten sie sich nur fünf Tage ausgeruht.

Бяха си починали само пет дни през последните хиляда и осемстотин мили.

Als sie Skaguay erreichten, sahen sie aus, als könnten sie kaum aufrecht stehen.

Когато стигнаха до Скагуей, те изглеждаха едва способни да стоят прави.

Sie hatten Mühe, die Zügel straff zu halten und vor dem Schlitten zu bleiben.

Те се мъчеха да държат юздите здраво и да останат пред шейната.

Auf abschüssigen Hängen konnten sie nur noch vermeiden, überfahren zu werden.
По спускащите се склонове те успяваха само да избегнат да бъдат прегазени.

„Weiter, ihr armen, wunden Füße", sagte der Fahrer, während sie weiterhumpelten.
„Маршвайте напред, горките ви крака с болки в краката", каза шофьорът, докато куцаха напред.

„Das ist die letzte Strecke, danach bekommen wir alle auf jeden Fall noch eine lange Pause."
„Това е последният участък, след което всички ще си починем по една дълга почивка, със сигурност."

„Eine richtig lange Pause", versprach er und sah ihnen nach, wie sie weiter taumelten.
„Една наистина дълга почивка", обеща той, докато ги наблюдаваше как се олюляват напред.

Die Fahrer rechneten damit, dass sie nun eine lange, notwendige Pause bekommen würden.
Шофьорите очакваха, че сега ще получат дълга и необходима почивка.

Sie hatten zweitausend Meilen zurückgelegt und nur zwei Tage Pause gemacht.
Бяха изминали хиляда и двеста мили само с два дни почивка.

Sie waren der Meinung, dass sie sich die Zeit zum Entspannen verdient hätten, und das aus fairen und vernünftigen Gründen.
Справедливостта и разумът бяха достатъчни, за да смятат, че са си заслужили време за почивка.

Aber zu viele waren zum Klondike gekommen und zu wenige waren zu Hause geblieben.
Но твърде много бяха дошли в Клондайк и твърде малко бяха останали вкъщи.

Es gingen unzählige Briefe von Familien ein, die zu Bergen verspäteter Post führten.
Писма от семейства заливаха, създавайки купища закъсняла поща.

Offizielle Anweisungen trafen ein – neue Hudson Bay-Hunde würden die Nachfolge antreten.
Пристигнаха официални заповеди — нови кучета от залива Хъдсън щяха да поемат контрола.
Die erschöpften Hunde, die nun als wertlos galten, sollten entsorgt werden.
Изтощените кучета, вече наричани безполезни, трябвало да бъдат унищожени.
Da Geld wichtiger war als Hunde, sollten sie billig verkauft werden.
Тъй като парите имаха по-голямо значение от кучетата, те щяха да бъдат продадени евтино.
Drei weitere Tage vergingen, bevor die Hunde spürten, wie schwach sie waren.
Минаха още три дни, преди кучетата да усетят колко са слаби.
Am vierten Morgen kauften zwei Männer aus den Staaten das gesamte Team.
На четвъртата сутрин двама мъже от Щатите купиха целия отбор.
Der Verkauf umfasste alle Hunde sowie ihre abgenutzte Geschirrausrüstung.
Продажбата включваше всички кучета, плюс износената им екипировка за хамути.
Die Männer nannten sich gegenseitig „Hal" und „Charles", als sie den Deal abschlossen.
Мъжете се наричаха един друг „Хал" и „Чарлз", докато сключваха сделката.
Charles war mittleren Alters, blass, hatte schlaffe Lippen und wilde Schnurrbartspitzen.
Чарлз беше на средна възраст, блед, с отпуснати устни и буйни върхове на мустаци.
Hal war ein junger Mann, vielleicht neunzehn, der einen Patronengürtel trug.
Хал беше млад мъж, може би деветнадесетгодишен, носещ колан с патрони.

Am Gürtel befanden sich ein großer Revolver und ein Jagdmesser, beide unbenutzt.
На колана имаше голям револвер и ловджийски нож, и двата неизползвани.
Es zeigte, wie unerfahren und ungeeignet er für das Leben im Norden war.
Това показваше колко неопитен и негоден е бил за северния живот.
Keiner der beiden Männer gehörte in die Wildnis; ihre Anwesenheit widersprach jeder Vernunft.
Нито един от двамата не принадлежеше към дивата природа; присъствието им не се поддаваше на всякакъв разум.
Buck beobachtete, wie das Geld zwischen Käufer und Makler den Besitzer wechselte.
Бък наблюдаваше как парите се разменят между купувач и агент.
Er wusste, dass die Postzugführer sein Leben wie alle anderen verlassen würden.
Той знаеше, че машинистите на пощенските влакове напускат живота му като всички останали.
Sie folgten Perrault und François, die nun unwiederbringlich verschwunden waren.
Те последваха Перо и Франсоа, вече изчезнали от паметта им.
Buck und das Team wurden in das schlampige Lager ihrer neuen Besitzer geführt.
Бък и екипът бяха отведени до небрежния лагер на новите им собственици.
Das Zelt hing durch, das Geschirr war schmutzig und alles lag in Unordnung.
Палатката беше провиснала, чиниите бяха мръсни и всичко лежеше в безпорядък.
Buck bemerkte dort auch eine Frau – Mercedes, Charles' Frau und Hals Schwester.
Бък забеляза и жена там — Мерседес, съпругата на Чарлз и сестрата на Хал.

Sie bildeten eine vollständige Familie, obwohl sie alles andere als für den Wanderpfad geeignet waren.
Те бяха пълноценно семейство, макар и далеч неподходящо за пътеката.

Buck beobachtete nervös, wie das Trio begann, die Vorräte einzupacken.
Бък наблюдаваше нервно как триото започва да опакова провизиите.

Sie arbeiteten hart, aber ohne Ordnung – nur Aufhebens und vergeudete Mühe.
Работеха усилено, но без ред — само суета и пропилени усилия.

Das Zelt war zu einer sperrigen Form zusammengerollt und viel zu groß für den Schlitten.
Палатката беше навита в обемиста форма, твърде голяма за шейната.

Schmutziges Geschirr wurde eingepackt, ohne dass es gespült oder getrocknet worden wäre.
Мръсните чинии бяха опаковани, без изобщо да бъдат почистени или подсушени.

Mercedes flatterte herum, redete, korrigierte und mischte sich ständig ein.
Мерседес се суетеше наоколо, непрекъснато говореше, поправяше и се месеше.

Als ein Sack vorne platziert wurde, bestand sie darauf, dass er hinten drankam.
Когато отпред сложиха чувал, тя настоя да го сложат и отзад.

Sie packte den Sack ganz unten rein und im nächsten Moment brauchte sie ihn.
Тя прибра чувала на дъното и в следващия момент й потрябваше.

Also wurde der Schlitten erneut ausgepackt, um an die eine bestimmte Tasche zu gelangen.
И така, шейната беше разопакована отново, за да стигне до една-единствена чанта.

In der Nähe standen drei Männer vor einem Zelt und beobachteten die Szene.
Наблизо трима мъже стояха пред палатка и наблюдаваха разгръщащата се сцена.
Sie lächelten, zwinkerten und grinsten über die offensichtliche Verwirrung der Neuankömmlinge.
Те се усмихнаха, намигнаха и се ухилиха на очевидното объркване на новодошлите.
„Sie haben schon eine ziemlich schwere Last", sagte einer der Männer.
— Вече имаш доста тежък товар — каза един от мъжете.
„Ich glaube nicht, dass Sie das Zelt tragen sollten, aber es ist Ihre Entscheidung."
„Не мисля, че трябва да носиш тази палатка, но това е твой избор."
„Unvorstellbar!", rief Mercedes und warf verzweifelt die Hände in die Luft.
„Несъзнаваемо!" – извика Мерседес и вдигна отчаяно ръце.
„Wie könnte ich ohne Zelt reisen, unter dem ich übernachten kann?"
„Как бих могъл да пътувам без палатка, под която да спя?"
„Es ist Frühling – Sie werden kein kaltes Wetter mehr erleben", antwortete der Mann.
„Пролет е — няма да видиш отново студено време", отвърна мъжът.
Aber sie schüttelte den Kopf und sie stapelten weiterhin Gegenstände auf den Schlitten.
Но тя поклати глава, а те продължиха да трупат предмети върху шейната.
Als sie die letzten Dinge hinzufügten, türmte sich die Ladung gefährlich hoch auf.
Товарът се извисяваше опасно високо, докато добавяха последните неща.
„Glauben Sie, der Schlitten fährt?", fragte einer der Männer mit skeptischem Blick.

— Мислиш ли, че шейната ще се движи? — попита един от мъжете със скептичен поглед.

„Warum sollte es nicht?", blaffte Charles mit scharfer Verärgerung zurück.

— Защо не? — отвърна сопнато Чарлз с остро раздразнение.

„Oh, das ist schon in Ordnung", sagte der Mann schnell und wich seiner Beleidigung aus.

— О, всичко е наред — каза бързо мъжът, отдръпвайки се от обидата.

„Ich habe mich nur gewundert – es sah für mich einfach ein bisschen zu kopflastig aus."

„Просто се чудех — на мен ми се стори малко прекалено тежко отгоре."

Charles drehte sich um und band die Ladung so gut fest, wie er konnte.

Чарлз се обърна и завърза товара, колкото можеше по-добре.

Allerdings waren die Zurrgurte locker und die Verpackung insgesamt schlecht ausgeführt.

Но въжетата бяха хлабави и опаковането като цяло беше лошо направено.

„Klar, die Hunde machen das den ganzen Tag", sagte ein anderer Mann sarkastisch.

„Разбира се, кучетата ще дърпат това цял ден", каза саркастично друг мъж.

„Natürlich", antwortete Hal kalt und packte die lange Lenkstange des Schlittens.

— Разбира се — отвърна студено Хал и сграбчи дългия прът за впрягане на шейната.

Mit einer Hand an der Stange schwang er mit der anderen die Peitsche.

С едната си ръка на пръта, той замахна с камшика в другата.

„Los geht's!", rief er. „Bewegt euch!", und trieb die Hunde zum Aufbruch an.

„Хайде да тръгваме!", извика той. „Дръпнете се!", подканяйки кучетата да тръгнат.

Die Hunde lehnten sich in das Geschirr und spannten sich einige Augenblicke lang an.

Кучетата се наведеха в хамута и се напрягаха няколко мига.

Dann blieben sie stehen, da sie den überladenen Schlitten keinen Zentimeter bewegen konnten.

После спряха, неспособни да помръднат претоварената шейна и сантиметър.

„Diese faulen Bestien!", schrie Hal und hob die Peitsche, um sie zu schlagen.

„Мързеливите зверове!" – извика Хал и вдигна камшика, за да ги удари.

Doch Mercedes stürzte herein und riss Hal die Peitsche aus der Hand.

Но Мерседес се втурна и грабна камшика от ръцете на Хал.

„Oh, Hal, wage es ja nicht, ihnen wehzutun", rief sie alarmiert.

— О, Хал, не смей да ги нараниш — извика тя разтревожено.

„Versprich mir, dass du nett zu ihnen bist, sonst gehe ich keinen Schritt weiter."

„Обещай ми, че ще бъдеш мил с тях, иначе няма да направя нито крачка повече."

„Du weißt nichts über Hunde", fuhr Hal seine Schwester an.

— Ти не разбираш нищо от кучета — сопна се Хал на сестра си.

„Sie sind faul, und die einzige Möglichkeit, sie zu bewegen, besteht darin, sie zu peitschen."

„Те са мързеливи и единственият начин да ги преместиш е да ги биеш с камшик."

„Fragen Sie irgendjemanden – fragen Sie einen dieser Männer dort drüben, wenn Sie mir nicht glauben."

„Попитай когото и да е — попитай някой от онези мъже там, ако се съмняваш в мен."

Mercedes sah die Zuschauer mit flehenden, tränennassen Augen an.
Мерседес погледна минувачите с умоляващи, насълзени очи.
Ihr Gesicht zeigte, wie sehr sie den Anblick jeglichen Schmerzes hasste.
Лицето ѝ показваше колко дълбоко мрази гледката на каквато и да е болка.
„Sie sind schwach, das ist alles", sagte ein Mann. „Sie sind erschöpft."
„Слаби са, това е всичко", каза един мъж. „Изтощени са."
„Sie brauchen Ruhe – sie haben zu lange ohne Pause gearbeitet."
„Те имат нужда от почивка — работили са твърде дълго без почивка."
„Der Rest sei verflucht", murmelte Hal mit verzogenen Lippen.
— Проклет да е останалото — промърмори Хал със свита устна.
Mercedes schnappte nach Luft, sein grobes Wort schmerzte sie sichtlich.
Мерседес ахна, очевидно наранена от грубата дума от негова страна.
Dennoch blieb sie loyal und verteidigte ihren Bruder sofort.
Въпреки това, тя остана лоялна и веднага защити брат си.
„Kümmere dich nicht um den Mann", sagte sie zu Hal. „Das sind unsere Hunde."
— Не обръщай внимание на този човек — каза тя на Хал. — Това са нашите кучета.
„Fahren Sie sie, wie Sie es für richtig halten – tun Sie, was Sie für richtig halten."
„Караш ги както намериш за добре — прави това, което смяташ за правилно."
Hal hob die Peitsche und schlug die Hunde erneut gnadenlos.
Хал вдигна камшика и отново удари кучетата безмилостно.

Sie stürzten sich nach vorne, die Körper tief gebeugt, die Füße in den Schnee gedrückt.
Те се хвърлиха напред, телата им бяха ниско приведени, краката им забиха в снега.
Sie gaben sich alle Mühe, den Schlitten zu ziehen, aber er bewegte sich nicht.
Цялата им сила беше вложена в дърпането, но шейната не се движеше.
Der Schlitten blieb wie ein im Schnee festgefrorener Anker stecken.
Шейната остана заседнала като котва, замръзнала в утъпкания сняг.
Nach einem zweiten Versuch blieben die Hunde wieder stehen und keuchten schwer.
След втори опит кучетата отново спряха, задъхани тежко.
Hal hob die Peitsche noch einmal, gerade als Mercedes erneut eingriff.
Хал вдигна камшика още веднъж, точно когато Мерседес отново се намеси.
Sie fiel vor Buck auf die Knie und umarmte seinen Hals.
Тя падна на колене пред Бък и го прегърна през врата.
Tränen traten ihr in die Augen, als sie den erschöpften Hund anflehte.
Сълзи напълниха очите й, докато умоляваше изтощеното куче.
„Ihr Armen", sagte sie, „warum zieht ihr nicht einfach stärker?"
„Горките ми момичета", каза тя, „защо просто не дърпате по-силно?"
„Wenn du ziehst, wirst du nicht so ausgepeitscht."
„Ако дърпаш, няма да те бият така."
Buck mochte Mercedes nicht, aber er war zu müde, um ihr jetzt zu widerstehen.
Бък не харесваше Мерседес, но беше твърде уморен, за да й се съпротивлява сега.
Er akzeptierte ihre Tränen als einen weiteren Teil dieses elenden Tages.

Той прие сълзите ѝ просто като още една част от нещастния ден.

Einer der zuschauenden Männer ergriff schließlich das Wort, nachdem er seinen Ärger unterdrückt hatte.

Един от наблюдаващите мъже най-накрая проговори, след като сдържа гнева си.

„Es ist mir egal, was mit euch passiert, Leute, aber diese Hunde sind wichtig."

„Не ме интересува какво ще се случи с вас, хора, но тези кучета са важни."

„Wenn du helfen willst, mach den Schlitten los – er ist am Schnee festgefroren."

„Ако искаш да помогнеш, скъсай шейната — замръзнала е до снега."

„Drücken Sie fest auf die Gee-Stange, rechts und links, und brechen Sie die Eisversiegelung."

„Натисни силно пръта, надясно и наляво, и счупи ледения печат."

Ein dritter Versuch wurde unternommen, diesmal auf Vorschlag des Mannes.

Направен е трети опит, този път по предложение на мъжа.

Hal schaukelte den Schlitten von einer Seite auf die andere und löste so die Kufen.

Хал разклати шейната от едната страна на другата, освобождавайки плъзгачите.

Obwohl der Schlitten überladen und unhandlich war, machte er schließlich einen Satz nach vorne.

Шейната, макар и претоварена и тромава, най-накрая се залюля напред.

Buck und die anderen zogen wild, angetrieben von einem Sturm aus Schleudertraumen.

Бък и останалите дърпаха бясно, подтиквани от порой от камшични удари.

Hundert Meter weiter machte der Weg eine Biegung und führte in die Straße hinein.

На стотина метра напред пътеката се извиваше и слизаше наклонено към улицата.
Um den Schlitten aufrecht zu halten, hätte es eines erfahrenen Fahrers bedurft.
Щеше да е нужен умел шофьор, за да държи шейната изправена.
Hal war nicht geschickt und der Schlitten kippte, als er um die Kurve schwang.
Хал не беше умел и шейната се преобърна, докато се завърташе зад завоя.
Lose Zurrgurte gaben nach und die Hälfte der Ladung ergoss sich auf den Schnee.
Разхлабените въжета се скъсаха и половината товар се изсипа върху снега.
Die Hunde hielten nicht an; der leichtere Schlitten flog auf der Seite weiter.
Кучетата не спряха; по-леката шейна полетя настрани.
Wütend über die Beschimpfungen und die schwere Last rannten die Hunde noch schneller.
Ядосани от малтретирането и тежкото бреме, кучетата хукнаха да бягат по-бързо.
Buck rannte wütend los und das Team folgte ihm.
Бък, разярен, се втурна да бяга, а впрягът го следваше.
Hal rief „Whoa! Whoa!", aber das Team beachtete ihn nicht.
Хал извика „Уау! Уау!", но екипът не му обърна внимание.
Er stolperte, fiel und wurde am Geschirr über den Boden geschleift.
Той се спъна, падна и беше влачен по земята от сбруята.
Der umgekippte Schlitten wurde über ihn geworfen, als die Hunde weiterrasten.
Преобърнатата шейна го прегази, докато кучетата препускаха напред.
Die restlichen Vorräte verteilten sich über die belebte Straße von Skaguay.
Останалите провизии се разпръснаха по оживената улица на Скагуей.

Gutherzige Menschen eilten herbei, um die Hunde anzuhalten und die Ausrüstung einzusammeln.
Добросърдечни хора се втурнаха да спрат кучетата и да съберат екипировката.
Sie gaben den neuen Reisenden auch direkte und praktische Ratschläge.
Те също така дадоха съвети, директни и практични, на новите пътешественици.
„Wenn Sie Dawson erreichen wollen, nehmen Sie die halbe Ladung und die doppelte Anzahl an Hunden mit."
„Ако искаш да стигнеш до Доусън, вземи половината товар и удвои кучетата."
Hal, Charles und Mercedes hörten zu, wenn auch nicht mit Begeisterung.
Хал, Чарлз и Мерседес слушаха, макар и не с ентусиазъм.
Sie bauten ihr Zelt auf und begannen, ihre Vorräte zu sortieren.
Те опънаха палатката си и започнаха да сортират провизиите си.
Heraus kamen Konserven, die die Zuschauer laut lachen ließen.
Излязоха консервирани продукти, което накара минувачите да се смеят на глас.
„Konserven auf dem Weg? Bevor die schmelzen, verhungern Sie", sagte einer.
„Консерви по пътеката? Ще умреш от глад, преди да се разтопят", каза единият.
„Hoteldecken? Die wirfst du am besten alle weg."
„Хотелски одеяла? По-добре е да ги изхвърлите всичките."
„Schmeißen Sie auch das Zelt weg, und hier spült niemand mehr Geschirr."
„Зарежи и палатката, и никой няма да мие чинии тук."
„Sie glauben, Sie fahren in einem Pullman-Zug mit Bediensteten an Bord?"
„Мислите, че се возите във влак „Пулман" със слуги на борда?"

Der Prozess begann – jeder nutzlose Gegenstand wurde beiseite geworfen.
Процесът започна — всеки безполезен предмет беше изхвърлен настрани.

Mercedes weinte, als ihre Taschen auf den schneebedeckten Boden geleert wurden.
Мерседес се разплака, когато багажът ѝ беше изпразнен върху заснежената земя.

Sie schluchzte ohne Pause über jeden einzelnen hinausgeworfenen Gegenstand.
Тя ридаеше над всеки изхвърлен предмет, един по един, без да спира.

Sie schwor, keinen Schritt weiterzugehen – nicht einmal für zehn Charleses.
Тя се закле да не прави нито крачка повече — дори за десет Чарлза.

Sie flehte alle Menschen in ihrer Nähe an, ihr ihre wertvollen Sachen zu überlassen.
Тя умоляваше всеки човек наблизо да ѝ позволи да запази ценните си вещи.

Schließlich wischte sie sich die Augen und begann, auch die wichtigsten Kleidungsstücke wegzuwerfen.
Накрая тя избърса очите си и започна да хвърля дори най-важните дрехи.

Als sie mit ihrem eigenen fertig war, begann sie, die Vorräte der Männer auszuräumen.
Когато приключи със своите, тя започна да изпразва запасите на мъжете.

Wie ein Wirbelwind verwüstete sie die Habseligkeiten von Charles und Hal.
Като вихрушка тя разкъса вещите на Чарлз и Хал.

Obwohl die Ladung halbiert wurde, war sie immer noch viel schwerer als nötig.
Въпреки че товарът беше намален наполовина, той все още беше много по-тежък от необходимото.

In dieser Nacht gingen Charles und Hal los und kauften sechs neue Hunde.

Същата вечер Чарлз и Хал излязоха и купиха шест нови кучета.
Diese neuen Hunde gesellten sich zu den ursprünglichen sechs, plus Teek und Koona.
Тези нови кучета се присъединиха към първоначалните шест, плюс Тийк и Куна.
Zusammen bildeten sie ein Gespann aus vierzehn Hunden, die vor den Schlitten gespannt wurden.
Заедно те образуваха впряг от четиринадесет кучета, впрегнати в шейната.
Doch die neuen Hunde waren für die Schlittenarbeit ungeeignet und schlecht ausgebildet.
Но новите кучета бяха негодни и лошо обучени за работа с шейна.
Drei der Hunde waren kurzhaarige Vorstehhunde und einer war ein Neufundländer.
Три от кучетата бяха късокосмести пойнтерки, а едно беше нюфаундленд.
Bei den letzten beiden Hunden handelte es sich um Mischlinge ohne eindeutige Rasse oder Zweckbestimmung.
Последните две кучета бяха песове без ясна порода или предназначение.
Sie haben den Weg nicht verstanden und ihn nicht schnell gelernt.
Те не разбираха пътеката и не я научиха бързо.
Buck und seine Kameraden beobachteten sie mit Verachtung und tiefer Verärgerung.
Бък и приятелите му ги наблюдаваха с презрение и дълбоко раздразнение.
Obwohl Buck ihnen beibrachte, was sie nicht tun sollten, konnte er ihnen keine Pflicht beibringen.
Въпреки че Бък ги учеше какво да не правят, той не можеше да ги учи на дълг.
Sie kamen mit dem Leben auf dem Wanderpfad und dem Ziehen von Zügeln und Schlitten nicht gut zurecht.
Те не понасяха добре теглението на влачени тегления или тегленето на юзди и шейни.

Nur die Mischlinge versuchten, sich anzupassen, und selbst ihnen fehlte der Kampfgeist.
Само мелезите се опитаха да се адаптират, но дори и на тях им липсваше боен дух.
Die anderen Hunde waren durch ihr neues Leben verwirrt, geschwächt und gebrochen.
Другите кучета бяха объркани, отслабени и съсипани от новия си живот.
Da die neuen Hunde ahnungslos und die alten erschöpft waren, gab es kaum Hoffnung.
С новите кучета безпомощни и старите изтощени, надеждата беше слаба.
Bucks Team hatte zweitausendfünfhundert Meilen eines rauen Pfades zurückgelegt.
Екипът на Бък беше изминал двеста и петстотин мили по суров път.
Dennoch waren die beiden Männer fröhlich und stolz auf ihr großes Hundegespann.
Въпреки това двамата мъже бяха весели и горди с големия си кучешки впряг.
Sie dachten, sie würden mit Stil reisen, mit vierzehn Hunden an der Leine.
Те си мислеха, че пътуват със стил, с четиринадесет вързани кучета.
Sie hatten gesehen, wie Schlitten nach Dawson aufbrachen und andere von dort ankamen.
Бяха видели шейни да тръгват за Доусън, а други да пристигат оттам.
Aber noch nie hatten sie eins gesehen, das von bis zu vierzehn Hunden gezogen wurde.
Но никога не бяха виждали такова, теглено от четиринадесет кучета.
Es gab einen Grund, warum solche Teams in der arktischen Wildnis selten waren.
Имаше причина подобни екипи да са рядкост в арктическата пустош.

Kein Schlitten konnte genug Futter transportieren, um vierzehn Hunde für die Reise zu versorgen.
Никаква шейна не би могла да превози достатъчно храна, за да нахрани четиринадесет кучета за пътуването.
Aber Charles und Hal wussten das nicht – sie hatten nachgerechnet.
Но Чарлз и Хал не знаеха това — те бяха направили сметките.
Sie haben das Futter berechnet: so viel pro Hund, so viele Tage, fertig.
Те начертаха храната: толкова на куче, толкова дни, готово.
Mercedes betrachtete ihre Zahlen und nickte, als ob es Sinn machte.
Мерседес погледна цифрите им и кимна, сякаш имаше смисъл.
Zumindest auf dem Papier erschien ihr alles sehr einfach.
Всичко ѝ се струваше много просто, поне на хартия.

Am nächsten Morgen führte Buck das Team langsam die verschneite Straße hinauf.
На следващата сутрин Бък бавно поведе впряга по заснежената улица.
Weder er noch die Hunde hinter ihm hatten Energie oder Tatendrang.
Нямаше нито енергия, нито дух нито в него, нито в кучетата зад него.
Sie waren von Anfang an todmüde, es waren keine Reserven mehr vorhanden.
Бяха смъртно уморени от самото начало — нямаше никакъв резерв.
Buck hatte bereits vier Fahrten zwischen Salt Water und Dawson unternommen.
Бък вече беше направил четири пътувания между Солт Уотър и Доусън.
Als er nun erneut vor derselben Spur stand, empfand er nichts als Bitterkeit.

Сега, изправен отново пред същия път, той не чувстваше нищо друго освен горчивина.

Er war nicht mit dem Herzen dabei und die anderen Hunde auch nicht.

Неговото сърце не беше в това, нито пък сърцата на другите кучета.

Die neuen Hunde waren schüchtern und den Huskys fehlte jegliches Vertrauen.

Новите кучета бяха плахи, а хъскитата им липсваше всякакво доверие.

Buck spürte, dass er sich auf diese beiden Männer oder ihre Schwester nicht verlassen konnte.

Бък усещаше, че не може да разчита на тези двама мъже или на сестра им.

Sie wussten nichts und zeigten auf dem Weg keine Anzeichen, etwas zu lernen.

Те не знаеха нищо и не показваха никакви признаци, че се учат по пътеката.

Sie waren unorganisiert und es fehlte ihnen jeglicher Sinn für Disziplin.

Те бяха неорганизирани и им липсваше всякакво чувство за дисциплина.

Sie brauchten jedes Mal die halbe Nacht, um ein schlampiges Lager aufzubauen.

Всеки път им отнемаше половин нощ, за да разпънат небрежния лагер.

Und den halben nächsten Morgen verbrachten sie wieder damit, am Schlitten herumzufummeln.

И половината от следващата сутрин отново прекараха в игра с шейната.

Gegen Mittag hielten sie oft nur an, um die ungleichmäßige Beladung zu korrigieren.

Към обяд те често спираха само за да оправят неравномерния товар.

An manchen Tagen legten sie insgesamt weniger als sechzehn Kilometer zurück.

В някои дни те изминаваха общо по-малко от десет мили.

An anderen Tagen schafften sie es überhaupt nicht, das Lager zu verlassen.
В други дни изобщо не успяваха да напуснат лагера.
Sie kamen nie auch nur annähernd an die geplante Nahrungsdistanz heran.
Те така и не се доближиха до покриването на планираното разстояние за храна.
Wie erwartet ging das Futter für die Hunde sehr schnell aus.
Както се очакваше, храната за кучетата им свърши много бързо.
Sie haben die Sache noch schlimmer gemacht, indem sie in den ersten Tagen zu viel gefüttert haben.
Те влошиха нещата, като прехранваха в началото.
Mit jeder unvorsichtigen Ration rückte der Hungertod näher.
Това приближаваше глада с всяка небрежна дажба.
Die neuen Hunde hatten nicht gelernt, mit sehr wenig zu überleben.
Новите кучета не се бяха научили да оцеляват с много малко храна.
Sie aßen hungrig, ihr Appetit war zu groß für den Weg.
Те ядяха гладно, с апетит, твърде голям за пътеката.
Als Hal sah, wie die Hunde schwächer wurden, glaubte er, dass das Futter nicht ausreichte.
Виждайки как кучетата отслабват, Хал повярва, че храната не е достатъчна.
Er verdoppelte die Rationen und verschlimmerte damit den Fehler noch.
Той удвои дажбите, с което направи грешката още по-лоша.
Mercedes verschärfte das Problem mit Tränen und leisem Flehen.
Мерседес допълнително задълбочи проблема със сълзи и тихи молби.
Als sie Hal nicht überzeugen konnte, fütterte sie die Hunde heimlich.
Когато не успя да убеди Хал, тя тайно нахрани кучетата.

Sie stahl den Fisch aus den Säcken und gab ihn ihnen hinter seinem Rücken.
Тя открадна от чувалите с риба и им я даде зад гърба му.
Doch was die Hunde wirklich brauchten, war nicht mehr Futter, sondern Ruhe.
Но това, от което кучетата наистина се нуждаеха, не беше повече храна, а почивка.
Sie kamen nur langsam voran, aber der schwere Schlitten schleppte sich trotzdem weiter.
Движеха се слабо, но тежката шейна все още се влачеше.
Allein dieses Gewicht zehrte jeden Tag an ihrer verbleibenden Kraft.
Само тази тежест изтощаваше останалите им сили всеки ден.
Dann kam es zur Phase der Unterernährung, da die Vorräte zur Neige gingen.
След това дойде етапът на недохранване, тъй като запасите свършиха.
Eines Morgens stellte Hal fest, dass die Hälfte des Hundefutters bereits weg war.
Една сутрин Хал осъзна, че половината кучешка храна вече е свършила.
Sie hatten nur ein Viertel der gesamten Wegstrecke zurückgelegt.
Бяха изминали само една четвърт от общото разстояние на пътеката.
Es konnten keine Lebensmittel mehr gekauft werden, egal zu welchem Preis.
Не можеше да се купи повече храна, независимо каква цена се предлагаше.
Er reduzierte die Portionen der Hunde unter die normale Tagesration.
Той намали порциите на кучетата под стандартната дневна дажба.
Gleichzeitig forderte er längere Reisemöglichkeiten, um die Verluste auszugleichen.

В същото време той поиска по-дълго пътуване, за да компенсира загубата.
Mercedes und Charles unterstützten diesen Plan, scheiterten jedoch bei der Umsetzung.
Мерседес и Шарл подкрепиха този план, но не успяха да го изпълнят.
Ihr schwerer Schlitten und ihre mangelnden Fähigkeiten machten ein Vorankommen nahezu unmöglich.
Тежката им шейна и липсата на умения правеха напредъка почти невъзможен.
Es war einfach, weniger Futter zu geben, aber unmöglich, mehr Anstrengung zu erzwingen.
Беше лесно да се даде по-малко храна, но невъзможно да се наложи да се положат повече усилия.
Sie konnten weder früher anfangen, noch konnten sie Überstunden machen.
Не можеха да започнат рано, нито пък можеха да пътуват за допълнителни часове.
Sie wussten nicht, wie sie mit den Hunden und überhaupt mit sich selbst arbeiten sollten.
Те не знаеха как да работят с кучетата, нито пък със самите себе си, впрочем.
Der erste Hund, der starb, war Dub, der unglückliche, aber fleißige Dieb.
Първото куче, което умря, беше Дъб, нещастният, но трудолюбив крадец.
Obwohl Dub oft bestraft wurde, leistete er ohne zu klagen seinen Beitrag.
Въпреки че често беше наказван, Дъб се справяше с тежестта си без оплаквания.
Seine Schulterverletzung verschlimmerte sich ohne Pflege und nötige Ruhe.
Контузеното му рамо се влошаваше без грижи или нужда от почивка.
Schließlich beendete Hal mit dem Revolver Dubs Leiden.
Накрая Хал използва револвера, за да сложи край на страданията на Дъб.

Ein gängiges Sprichwort besagt, dass normale Hunde an der Husky-Ration sterben.
Една често срещана поговорка гласи, че нормалните кучета умират от дажби на хъски.

Bucks sechs neue Gefährten bekamen nur die Hälfte des Futteranteils des Huskys.
Шестимата нови спътници на Бък имаха само половината от храната, която хъскито получаваше.

Zuerst starb der Neufundländer, dann die drei kurzhaarigen Vorstehhunde.
Нюфаундлендът умря първи, след това трите късокосмести пойнтерки.

Die beiden Mischlinge hielten länger durch, kamen aber schließlich wie die anderen um.
Двете мелези се задържаха по-дълго, но накрая загинаха като останалите.

Zu diesem Zeitpunkt waren alle Annehmlichkeiten und die Sanftheit des Südens verschwunden.
По това време всички удобства и нежност на Южната земя бяха изчезнали.

Die drei Menschen hatten die letzten Spuren ihrer zivilisierten Erziehung abgelegt.
Тримата души бяха се отървали от последните следи от цивилизованото си възпитание.

Ohne Glamour und Romantik wurde das Reisen in die Arktis zur brutalen Realität.
Лишено от блясък и романтика, арктическото пътуване стана брутално реално.

Es war eine Realität, die zu hart für ihr Männlichkeits- und Weiblichkeitsgefühl war.
Това беше реалност, твърде сурова за тяхното чувство за мъжественост и женственост.

Mercedes weinte nicht mehr um die Hunde, sondern nur noch um sich selbst.
Мерседес вече не плачеше за кучетата, а сега плачеше само за себе си.

Sie verbrachte ihre Zeit damit, zu weinen und mit Hal und Charles zu streiten.
Тя прекарваше времето си в плач и караници с Хал и Чарлз.
Streiten war das Einzige, wozu sie nie zu müde waren.
Караниците бяха единственото нещо, за което никога не се уморяваха.
Ihre Gereiztheit rührte vom Elend her, wuchs mit ihm und übertraf es.
Раздразнителността им идваше от нещастието, нарастваше заедно с него и го надминаваше.
Die Geduld des Weges, die diejenigen kennen, die sich abmühen und freundlich leiden, kam nie.
Търпението на пътя, познато на онези, които се трудят и страдат с доброта, никога не дойде.
Diese Geduld, die die Sprache trotz Schmerzen süß hält, war ihnen unbekannt.
Това търпение, което запазва речта сладка въпреки болката, им беше непознато.
Sie besaßen nicht die geringste Spur von Geduld und schöpften keine Kraft aus dem anmutigen Leiden.
Те нямаха и следа от търпение, никаква сила, извлечена от страданието с благодат.
Sie waren steif vor Schmerz – ihre Muskeln, Knochen und ihr Herz schmerzten.
Те бяха сковани от болка – боляха ги мускулите, костите и сърцата.
Aus diesem Grund bekamen sie eine scharfe Zunge und waren schnell im Umgang mit harten Worten.
Поради това те станаха остри на езика си и бързи в грубите думи.
Jeder Tag begann und endete mit wütenden Stimmen und bitteren Klagen.
Всеки ден започваше и завършваше с гневни гласове и горчиви оплаквания.
Charles und Hal stritten sich, wann immer Mercedes ihnen eine Chance gab.

Чарлз и Хал се караха всеки път, когато Мерцедес им даваше шанс.
Jeder Mann glaubte, dass er mehr als seinen gerechten Anteil an der Arbeit geleistet hatte.
Всеки мъж вярваше, че е свършил повече от полагащия му се дял от работата.
Keiner von beiden ließ es sich je entgehen, dies immer wieder zu sagen.
Нито един от двамата не пропускаше възможност да го каже, отново и отново.
Manchmal stand Mercedes auf der Seite von Charles, manchmal auf der Seite von Hal.
Понякога Мерцедес заставаше на страната на Чарлз, понякога на Хал.
Dies führte zu einem großen und endlosen Streit zwischen den dreien.
Това доведе до голяма и безкрайна кавга между тримата.
Ein Streit darüber, wer Brennholz hacken sollte, geriet außer Kontrolle.
Спорът за това кой трябва да цепи дърва за огрев излезе извън контрол.
Bald wurden Väter, Mütter, Cousins und verstorbene Verwandte genannt.
Скоро бяха посочени имената на бащи, майки, братовчеди и починали роднини.
Hal's Ansichten über Kunst oder die Theaterstücke seines Onkels wurden Teil des Kampfes.
Възгледите на Хал за изкуството или пиесите на чичо му станаха част от борбата.
Auch Charles' politische Überzeugungen wurden in die Debatte einbezogen.
Политическите убеждения на Чарлз също бяха включени в дебата.
Für Mercedes schienen sogar die Gerüchte über die Schwester ihres Mannes relevant zu sein.
За Мерцедес дори клюките на сестрата на съпруга ѝ изглеждаха уместни.

Sie äußerte ihre Meinung dazu und zu vielen Fehlern in Charles' Familie.
Тя изрази мнение по този въпрос, както и по много от недостатъците на семейството на Чарлз.
Während sie stritten, blieb das Feuer aus und das Lager war halb fertig.
Докато спореха, огънят остана незапален, а лагерът наполовина изгорен.
In der Zwischenzeit waren die Hunde unterkühlt und hatten nichts zu fressen.
Междувременно кучетата останаха премръзнали и без никаква храна.
Mercedes hegte einen Groll, den sie als zutiefst persönlich betrachtete.
Мерседес таеше оплакване, което смяташе за дълбоко лично.
Sie fühlte sich als Frau misshandelt und fühlte sich ihrer Privilegien beraubt.
Тя се чувстваше малтретирана като жена, лишена от привилегиите си за благородни качества.
Sie war hübsch und sanft und pflegte ihr ganzes Leben lang ritterliche Gesten.
Тя беше красива и нежна и свикнала с рицарство през целия си живот.
Doch ihr Mann und ihr Bruder begegneten ihr nun mit Ungeduld.
Но съпругът ѝ и брат ѝ сега се отнасяха с нетърпение към нея.
Sie hatte die Angewohnheit, sich hilflos zu verhalten, und sie begannen, sich zu beschweren.
Тя имаше навик да се държи безпомощно и те започнаха да се оплакват.
Sie war davon beleidigt und machte ihnen das Leben noch schwerer.
Обидена от това, тя направи живота им още по-труден.
Sie ignorierte die Hunde und bestand darauf, den Schlitten selbst zu fahren.

Тя игнорира кучетата и настоя сама да се качи на шейната.
Obwohl sie von leichter Gestalt war, wog sie fünfundvierzig Kilo.
Въпреки че изглеждаше лека, тя тежеше сто и двадесет килограма.
Diese zusätzliche Belastung war zu viel für die hungernden, schwachen Hunde.
Това допълнително бреме беше твърде голямо за гладуващите, слаби кучета.
Trotzdem ritt sie tagelang, bis die Hunde in den Zügeln zusammenbrachen.
Въпреки това тя яздеше дни наред, докато кучетата не се сринаха под юздите.
Der Schlitten stand still und Charles und Hal baten sie, zu laufen.
Шейната спря неподвижно, а Чарлз и Хал я помолиха да върви пеша.
Sie flehten und flehten, aber sie weinte und nannte sie grausam.
Те я умоляваха и молеха, но тя плачеше и ги наричаше жестоки.
Einmal zogen sie sie mit purer Kraft und Wut vom Schlitten.
Веднъж те я издърпали от шейната с чиста сила и гняв.
Nach dem, was damals passiert ist, haben sie es nie wieder versucht.
Те никога повече не опитаха след случилото се тогава.
Sie wurde schlaff wie ein verwöhntes Kind und setzte sich in den Schnee.
Тя се отпусна като разглезено дете и седна в снега.
Sie gingen weiter, aber sie weigerte sich aufzustehen oder ihnen zu folgen.
Те продължиха, но тя отказа да стане или да ги последва.
Nach drei Meilen hielten sie an, kehrten um und trugen sie zurück.
След три мили те спряха, върнаха се и я отнесоха обратно.
Sie luden sie wieder auf den Schlitten, wobei sie erneut rohe Gewalt anwandten.

Те я претовариха на шейната, отново използвайки груба сила.

In ihrem tiefen Elend zeigten sie gegenüber dem Leid der Hunde keine Skrupel.

В дълбоката си мизерия те бяха безчувствени към страданието на кучетата.

Hal glaubte, man müsse sich abhärten und zwang anderen diesen Glauben auf.

Хал вярваше, че човек трябва да се закоравее и налагаше това убеждение на другите.

Er versuchte zunächst, seiner Schwester seine Philosophie zu predigen

Първоначално се опитал да проповядва философията си на сестра си

und dann predigte er erfolglos seinem Schwager.

и след това, без успех, той проповядвал на зет си.

Bei den Hunden hatte er mehr Erfolg, aber nur, weil er ihnen weh tat.

Той имаше по-голям успех с кучетата, но само защото ги нараняваше.

Bei Five Fingers ist das Hundefutter komplett ausgegangen.

Във Five Fingers храната за кучета свърши напълно.

Eine zahnlose alte Squaw verkaufte ein paar Pfund gefrorenes Pferdeleder

Една беззъба стара индианка продаде няколко килограма замразена конска кожа

Hal tauschte seinen Revolver gegen das getrocknete Pferdefell.

Хал размени револвера си за изсушената конска кожа.

Das Fleisch stammte von den Pferden der Viehzüchter, die Monate zuvor verhungert waren.

Месото беше дошло от гладни коне на говедари месеци по-рано.

Gefroren war die Haut wie verzinktes Eisen: zäh und ungenießbar.

Замръзнала, кожата беше като поцинковано желязо; жилава и негодна за консумация.

Die Hunde mussten endlos auf dem Fell herumkauen, um es zu fressen.
Кучетата трябваше безкрайно да дъвчат кожата, за да я изядат.
Doch die ledrigen Fäden und das kurze Haar waren kaum Nahrung.
Но кожестите кичури и късата коса едва ли бяха храна.
Das Fell war größtenteils irritierend und kein echtes Nahrungsmittel.
По-голямата част от кожата беше дразнеща и не беше храна в истинския смисъл на думата.
Und während all dem taumelte Buck vorne herum, wie in einem Albtraum.
И през всичко това Бък се олюляваше отпред, като в кошмар.
Er zog, wenn er dazu in der Lage war; wenn nicht, blieb er liegen, bis er mit einer Peitsche oder einem Knüppel hochgehoben wurde.
Дърпаше, когато можеше; когато не можеше, лежеше, докато камшик или тояга не го повдигнат.
Sein feines, glänzendes Fell hatte jegliche Steifheit und jeglichen Glanz verloren, den es einst hatte.
Фината му, лъскава козина беше загубила всякаква твърдост и блясък, които някога имаше.
Sein Haar hing schlaff herunter, war zerzaust und mit getrocknetem Blut von den Schlägen verklebt.
Косата му висеше отпусната, разрошена и съсирена от засъхнала кръв от ударите.
Seine Muskeln schrumpften zu Sehnen und seine Fleischpolster waren völlig abgenutzt.
Мускулите му се свиха на жила, а плътта му беше износена.
Jede Rippe, jeder Knochen war deutlich durch die Falten der runzligen Haut zu sehen.
Всяко ребро, всяка кост се виждаше ясно през гънките на набръчкана кожа.

Es war herzzerreißend, doch Bucks Herz konnte nicht brechen.
Беше сърцераздирателно, но сърцето на Бък не можеше да се разбие.
Der Mann im roten Pullover hatte das getestet und vor langer Zeit bewiesen.
Мъжът с червения пуловер го беше изпробвал и доказал отдавна.
So wie es bei Buck war, war es auch bei allen seinen übrigen Teamkollegen.
Както беше с Бък, така беше и с всичките му останали съотборници.
Insgesamt waren es sieben, jeder einzelne ein wandelndes Skelett des Elends.
Бяха общо седем, всеки един от които беше ходещ скелет на мизерия.
Sie waren gegenüber den Peitschenhieben taub geworden und spürten nur noch entfernten Schmerz.
Бяха изтръпнали от удари с камшик, усещайки само далечна болка.
Sogar Bild und Ton erreichten sie nur schwach, wie durch dichten Nebel.
Дори зрението и звукът достигаха до тях слабо, сякаш през гъста мъгла.
Sie waren nicht halb lebendig – es waren Knochen mit schwachen Funken darin.
Те не бяха полуживи — бяха кости с бледи искри вътре.
Als sie angehalten wurden, brachen sie wie Leichen zusammen, ihre Funken waren fast erloschen.
Когато бяха спрени, те се сринаха като трупове, искрите им почти изчезнаха.
Und als die Peitsche oder der Knüppel erneut zuschlug, sprühten schwache Funken.
И когато камшикът или тоягата удариха отново, искрите прехвърчаха слабо.
Dann erhoben sie sich, taumelten vorwärts und schleiften ihre Gliedmaßen vor sich her.

След това се изправиха, залитнаха напред и завлякоха крайниците си напред.

Eines Tages stürzte der nette Billee und konnte überhaupt nicht mehr aufstehen.

Един ден добрият Били падна и вече изобщо не можеше да се изправи.

Hal hatte seinen Revolver eingetauscht und benutzte stattdessen eine Axt, um Billee zu töten.

Хал беше разменил револвера си, затова вместо това уби Били с брадва.

Er schlug ihm auf den Kopf, schnitt dann seinen Körper los und schleifte ihn weg.

Той го удари по главата, след което разряза тялото му и го завляко.

Buck sah dies und die anderen auch; sie wussten, dass der Tod nahe war.

Бък видя това, както и останалите; те знаеха, че смъртта е близо.

Am nächsten Tag ging Koona und ließ nur fünf Hunde im hungernden Team zurück.

На следващия ден Куна си тръгна, оставяйки само пет кучета в гладуващия впряг.

Joe war nicht länger gemein, sondern zu weit weg, um überhaupt noch viel mitzubekommen.

Джо, вече не злобен, беше твърде напреднал, за да осъзнава каквото и да било.

Pike täuschte seine Verletzung nicht länger vor und war kaum bei Bewusstsein.

Пайк, вече не преструвайки се на ранения си, едва беше в съзнание.

Solleks, der immer noch treu war, beklagte, dass er nicht mehr die Kraft hatte, etwas zu geben.

Солекс, все още верен, скърбеше, че няма сила, която да даде.

Teek wurde am häufigsten geschlagen, weil er frischer war, aber schnell nachließ.

Тийк беше най-победен, защото беше по-свеж, но бързо отслабваше.

Und Buck, der immer noch in Führung lag, sorgte nicht länger für Ordnung und setzte sie auch nicht durch.

И Бък, все още начело, вече не поддържаше реда, нито го налагаше.

Halb blind vor Schwäche folgte Buck der Spur nur nach Gefühl.

Полусляп от слабост, Бък следваше следата единствено по навик.

Es war schönes Frühlingswetter, aber keiner von ihnen bemerkte es.

Беше прекрасно пролетно време, но никой от тях не го забеляза.

Jeden Tag ging die Sonne früher auf und später unter als zuvor.

Всеки ден слънцето изгряваше по-рано и залязваше по-късно от преди.

Um drei Uhr morgens dämmerte es, die Dämmerung dauerte bis neun Uhr.

Към три часа сутринта се зазори; здрачът продължи до девет.

Die langen Tage waren erfüllt von der vollen Strahlkraft des Frühlingssonnenscheins.

Дългите дни бяха изпълнени с ярката пролетна слънчева светлина.

Die gespenstische Stille des Winters hatte sich in ein warmes Murmeln verwandelt.

Призрачната тишина на зимата се беше превърнала в топъл шепот.

Das ganze Land erwachte und war erfüllt von der Freude am Leben.

Цялата земя се пробуждаше, оживяваше от радостта на живите същества.

Das Geräusch kam von etwas, das den Winter über tot und reglos dagelegen hatte.

Звукът идваше от нещо, което беше лежало мъртво и неподвижно през зимата.
Jetzt bewegten sich diese Dinger wieder und schüttelten den langen Frostschlaf ab.
Сега тези неща се раздвижиха отново, отърсвайки се от дългия мразовит сън.
Saft stieg durch die dunklen Stämme der wartenden Kiefern.
Сок се издигаше през тъмните стволове на чакащите борове.
An jedem Zweig von Weiden und Espen treiben leuchtende junge Knospen aus.
Върби и трепетлики пускат ярки млади пъпки на всяка клонка.
Sträucher und Weinreben erstrahlten in frischem Grün, als der Wald zum Leben erwachte.
Храсти и лози се раззелениха, докато горите оживяваха.
Nachts zirpten Grillen und in der Sonne krabbelten Käfer.
Щурци цвърчаха през нощта, а буболечки пълзяха под дневната светлина.
Rebhühner dröhnten und Spechte klopften tief in den Bäumen.
Яребици бучаха, а кълвачи чукаха дълбоко в дърветата.
Eichhörnchen schnatterten, Vögel sangen und Gänse schnatterten über den Hunden.
Катерици бъбреха, птици пееха, а гъски клатушкаха над кучетата.
Das Wildgeflügel kam in scharfen Keilen und flog aus dem Süden heran.
Дивите птици идваха на остри клинове, прелитайки от юг.
Von jedem Hügel ertönte die Musik verborgener, rauschender Bäche.
От всеки хълм се чуваше музиката на скрити, бързеещи потоци.
Alles taute auf, brach, bog sich und geriet wieder in Bewegung.

Всичко се размрази, счупи се, огъна се и отново се задвижи.
Der Yukon bemühte sich, die Kälteketten des gefrorenen Eises zu durchbrechen.
Юкон се напрягаше да разкъса студените вериги от замръзнал лед.
Das Eis schmolz von unten, während die Sonne es von oben zum Schmelzen brachte.
Ледът се топеше отдолу, докато слънцето го топеше отгоре.
Luftlöcher öffneten sich, Risse breiteten sich aus und Brocken fielen in den Fluss.
Отвориха се въздушни отвори, пукнатини се разпространиха и парчета паднаха в реката.
Inmitten dieses pulsierenden und lodernden Lebens taumelten die Reisenden.
Сред целия този кипящ и пламтящ живот, пътниците се олюляваха.
Zwei Männer, eine Frau und ein Rudel Huskys liefen wie die Toten.
Двама мъже, една жена и глутница хъскита вървяха като мъртви.
Die Hunde fielen, Mercedes weinte, fuhr aber immer noch Schlitten.
Кучетата падаха, Мерседес плачеше, но все пак яздеше шейната.
Hal fluchte schwach und Charles blinzelte mit tränenden Augen.
Хал изруга слабо, а Чарлз премигна през насълзени очи.
Sie stolperten in John Thorntons Lager an der Mündung des White River.
Те се натъкнаха на лагера на Джон Торнтън край устието на Бялата река.
Als sie anhielten, fielen die Hunde flach um, als wären sie alle tot.
Когато спряха, кучетата се отпуснаха по пода, сякаш всички бяха поразени мъртви.

Mercedes wischte sich die Tränen ab und sah zu John Thornton hinüber.
Мерседес избърса сълзите си и погледна към Джон Торнтън.

Charles saß langsam und steif auf einem Baumstamm, mit Schmerzen vom Weg.
Чарлз седеше на един дънер, бавно и сковано, болен от пътеката.

Hal redete, während Thornton das Ende eines Axtstiels schnitzte.
Хал говореше, докато Торнтън издълбаваше края на дръжката на брадва.

Er schnitzte Birkenholz und antwortete mit kurzen, bestimmten Antworten.
Той цепеше брезова дървесина и отговаряше с кратки, твърди отговори.

Wenn man ihn fragte, gab er Ratschläge, war sich jedoch sicher, dass diese nicht befolgt würden.
Когато го попитаха, той даде съвет, сигурен, че няма да бъде последван.

Hal erklärte: „Sie sagten uns, dass das Eis auf dem Weg schmelzen würde."
Хал обясни: „Казаха ни, че ледът на пътеката се топи."

„Sie sagten, wir sollten bleiben, wo wir waren – aber wir haben es bis nach White River geschafft."
„Казаха, че трябва да си останем тук, но стигнахме до Уайт Ривър."

Er schloss mit höhnischem Ton, als wolle er einen Sieg in der Not für sich beanspruchen.
Той завърши с подигравателен тон, сякаш претендираше за победа в трудностите.

„Und sie haben dir die Wahrheit gesagt", antwortete John Thornton Hal ruhig.
— И те ти казаха истината — тихо отговори Джон Торнтън на Хал.

„Das Eis kann jeden Moment nachgeben – es ist kurz davor, abzufallen."

"Ледът може да се счупи всеки момент — готов е да се разпадне."

"Nur durch blindes Glück und ein paar Narren wäre es möglich gewesen, lebend so weit zu kommen."

"Само сляп късмет и глупаци биха могли да стигнат дотук живи."

"Ich sage es Ihnen ganz offen: Ich würde mein Leben nicht für alles Gold Alaskas riskieren."

"Казвам ти директно, не бих рискувал живота си за цялото злато на Аляска."

"Das liegt wohl daran, dass Sie kein Narr sind", antwortete Hal.

— Предполагам, че е защото не си глупак — отвърна Хал.

"Trotzdem fahren wir weiter nach Dawson." Er rollte seine Peitsche ab.

— Все пак ще продължим към Доусън. — Той размота камшика си.

"Komm rauf, Buck! Hallo! Steh auf! Los!", rief er barsch.

"Качвай се горе, Бък! Здравей! Ставай! Хайде!" – извика той грубо.

Thornton schnitzte weiter, wohl wissend, dass Narren nicht auf Vernunft hören.

Торнтън продължи да резбострува, знаейки, че глупаците не искат да чуят разум.

Einen Narren aufzuhalten war sinnlos – und zwei oder drei Narren änderten nichts.

Да спреш един глупак беше безполезно — а двама или трима заблудени не променяха нищо.

Doch als das Team Hal's Befehl hörte, bewegte es sich nicht.

Но екипът не помръдна при звука на командата на Хал.

Jetzt konnten sie nur noch durch Schläge wieder auf die Beine kommen und weiterkommen.

Досега само удари можеха да ги накарат да се изправят и да продължат напред.

Immer wieder knallte die Peitsche über die geschwächten Hunde.

Камшикът щракаше отново и отново по отслабените кучета.
John Thornton presste die Lippen fest zusammen und sah schweigend zu.
Джон Торнтън стисна здраво устни и наблюдаваше мълчаливо.
Solleks war der Erste, der unter der Peitsche auf die Beine kam.
Солекс пръв се изправи на крака под камшика.
Dann folgte Teek zitternd. Joe schrie auf, als er stolperte.
После Тийк го последва, треперещ. Джо извика, докато се изправяше на крака.
Pike versuchte aufzustehen, scheiterte zweimal und stand schließlich unsicher da.
Пайк се опита да се изправи, не успя два пъти и най-накрая се изправи нестабилно.
Aber Buck blieb liegen, wo er hingefallen war, und bewegte sich dieses Mal überhaupt nicht.
Но Бък лежеше там, където беше паднал, този път изобщо не помръдвайки.
Die Peitsche schlug immer wieder auf ihn ein, aber er gab keinen Laut von sich.
Камшикът го удряше отново и отново, но той не издаде никакъв звук.
Er zuckte nicht zusammen und wehrte sich nicht, sondern blieb einfach still und ruhig.
Той не трепна, нито се съпротивляваше, просто остана неподвижен и мълчалив.
Thornton rührte sich mehr als einmal, als wolle er etwas sagen, tat es aber nicht.
Торнтън се размърда няколко пъти, сякаш да проговори, но не го направи.
Seine Augen wurden feucht und immer noch knallte die Peitsche gegen Buck.
Очите му се намокриха, а камшикът продължаваше да пляска по Бък.

Schließlich begann Thornton langsam auf und ab zu gehen, unsicher, was er tun sollte.
Най-накрая Торнтън започна бавно да крачи, несигурен какво да прави.
Es war das erste Mal, dass Buck versagt hatte, und Hal wurde wütend.
Това беше първият път, когато Бък се провали, и Хал се вбеси.
Er warf die Peitsche weg und nahm stattdessen die schwere Keule.
Той хвърли камшика и вместо това взе тежката тояга.
Der Holzknüppel schlug hart auf, aber Buck stand immer noch nicht auf, um sich zu bewegen.
Дървената тояга се стовари силно, но Бък все още не се изправи, за да помръдне.
Wie seine Teamkollegen war er zu schwach – aber mehr als das.
Подобно на съотборниците си, той беше твърде слаб - но нещо повече от това.
Buck hatte beschlossen, sich nicht zu bewegen, egal was als Nächstes passieren würde.
Бък беше решил да не помръдва, независимо какво щеше да се случи по-нататък.
Er spürte, wie etwas Dunkles und Bestimmtes direkt vor ihm schwebte.
Той усети нещо тъмно и сигурно да се носи точно пред него.
Diese Angst hatte ihn ergriffen, sobald er das Flussufer erreicht hatte.
Този ужас го обзе веднага щом стигна брега на реката.
Dieses Gefühl hatte ihn nicht verlassen, seit er das Eis unter seinen Pfoten dünner werden fühlte.
Чувството не го беше напускало, откакто усети как ледът под лапите му е тънък.
Etwas Schreckliches wartete – er spürte es gleich weiter unten auf dem Weg.

Нещо ужасно го чакаше — той го усещаше чак по пътеката.
Er würde nicht auf das Schreckliche vor ihm zugehen
Той нямаше да върви към това ужасно нещо напред.
Er würde keinem Befehl gehorchen, der ihn zu diesem Ding führte.
Той нямаше да се подчини на никаква заповед, която да го доведе до това нещо.
Der Schmerz der Schläge war für ihn kaum noch spürbar, er war zu weit weg.
Болката от ударите почти не го докосваше сега — беше твърде изтощен.
Der Funke des Lebens flackerte schwach und erlosch unter jedem grausamen Schlag.
Искрата на живота трептеше слабо, приглушена под всеки жесток удар.
Seine Glieder fühlten sich fremd an, sein ganzer Körper schien einem anderen zu gehören.
Крайниците му се усещаха далечни; цялото му тяло сякаш принадлежеше на друг.
Er spürte eine seltsame Taubheit, als der Schmerz vollständig nachließ.
Той почувства странно изтръпване, когато болката отшумя напълно.
Aus der Ferne spürte er, dass er geschlagen wurde, aber er wusste es kaum.
Отдалеч усещаше, че го бият, но едва го осъзнаваше.
Er konnte die Schläge schwach hören, aber sie taten nicht mehr wirklich weh.
Той чуваше едва доловимите удари, но те вече не го боляха истински.
Die Schläge trafen, aber sein Körper schien nicht mehr sein eigener zu sein.
Ударите се усещаха, но тялото му вече не изглеждаше като негово собствено.
Dann stieß John Thornton plötzlich und ohne Vorwarnung einen wilden Schrei aus.

Тогава изведнъж, без предупреждение, Джон Торнтън нададе див вик.

Es war unartikuliert, eher der Schrei eines Tieres als eines Menschen.

Беше нечленоразделен, по-скоро вик на звяр, отколкото на човек.

Er sprang mit der Keule auf den Mann zu und stieß Hal nach hinten.

Той скочи върху мъжа с тоягата и събори Хал назад.

Hal flog, als wäre er von einem Baum getroffen worden, und landete hart auf dem Boden.

Хал полетя сякаш ударен от дърво, и се приземи тежко на земята.

Mercedes schrie laut vor Panik und umklammerte ihr Gesicht.

Мерседес изкрещя панически и се хвана за лицето си.

Charles sah nur zu, wischte sich die Augen und blieb sitzen.

Чарлз само наблюдаваше, избърса очите си и остана седнал.

Sein Körper war vor Schmerzen zu steif, um aufzustehen oder beim Kampf mitzuhelfen.

Тялото му беше твърде сковано от болка, за да се изправи или да помогне в битката.

Thornton stand über Buck, zitterte vor Wut und konnte nicht sprechen.

Торнтън стоеше над Бък, треперещ от ярост, неспособен да проговори.

Er zitterte vor Wut und kämpfte darum, trotz allem seine Stimme wiederzufinden.

Той трепереше от ярост и се мъчеше да намери гласа си през нея.

„Wenn du den Hund noch einmal schlägst, bringe ich dich um", sagte er schließlich.

„Ако удариш това куче още веднъж, ще те убия", каза той най-накрая.

Hal wischte sich das Blut aus dem Mund und kam wieder nach vorne.

Хал избърса кръвта от устата си и отново пристъпи напред.

„Es ist mein Hund", murmelte er. „Geh mir aus dem Weg, sonst kriege ich dich wieder in Ordnung."

— Кучето ми е — промърмори той. — Махни се от пътя, или ще те оправя.

„Ich gehe nach Dawson und Sie halten mich nicht auf", fügte er hinzu.

„Отивам в Доусън и ти няма да ме спреш", добави той.

Thornton stand fest zwischen Buck und dem wütenden jungen Mann.

Торнтън стоеше твърдо между Бък и ядосания млад мъж.

Er hatte nicht die Absicht, zur Seite zu treten oder Hal vorbeizulassen.

Нямаше намерение да се отдръпне или да пропусне Хал.

Hal zog sein Jagdmesser heraus, das lang und gefährlich in der Hand lag.

Хал извади ловния си нож, дълъг и опасен в ръката си.

Mercedes schrie, dann weinte sie und lachte dann in wilder Hysterie.

Мерседес крещеше, после плака, после се смееше диво истерично.

Thornton schlug mit dem Axtstiel hart und schnell auf Hals Hand.

Торнтън удари ръката на Хал с дръжката на брадвата си, силно и бързо.

Das Messer wurde aus Hals Griff gerissen und flog zu Boden.

Ножът се изхвърча от хватката на Хал и полетя на земята.

Hal versuchte, das Messer aufzuheben, und Thornton klopfte erneut auf seine Fingerknöchel.

Хал се опита да вдигне ножа, а Торнтън отново почука по кокалчетата на пръстите си.

Dann bückte sich Thornton, griff nach dem Messer und hielt es fest.

Тогава Торнтън се наведе, грабна ножа и го задържа.

Mit zwei schnellen Hieben des Axtstiels zerschnitt er Bucks Zügel.
С два бързи удара с дръжката на брадвата той преряза юздите на Бък.
Hal hatte keine Kraft mehr, sich zu wehren, und trat von dem Hund zurück.
Хал не можеше да се бори повече и се отдръпна от кучето.
Außerdem brauchte Mercedes jetzt beide Arme, um aufrecht zu bleiben.
Освен това, Мерседес вече се нуждаеше от двете си ръце, за да се държи изправена.
Buck war dem Tod zu nahe, um noch einmal einen Schlitten ziehen zu können.
Бък беше твърде близо до смъртта, за да може отново да тегли шейна.
Ein paar Minuten später legten sie ab und fuhren flussabwärts.
Няколко минути по-късно те потеглиха и се отправиха надолу по реката.
Buck hob schwach den Kopf und sah ihnen nach, wie sie die Bank verließen.
Бък вдигна слабо глава и ги наблюдаваше как напускат банката.
Pike führte das Team an, mit Solleks am Ende des Feldes.
Пайк поведе отбора, а Солскс беше отзад на мястото на кормилото.
Joe und Teek gingen dazwischen, beide humpelten vor Erschöpfung.
Джо и Тийк вървяха между тях, и двамата куцайки от изтощение.
Mercedes saß auf dem Schlitten und Hal hielt die lange Lenkstange fest.
Мерседес седеше на шейната, а Хал стискаше дългия прът за впряг.
Charles stolperte hinterher, seine Schritte waren unbeholfen und unsicher.

Чарлз се препъваше назад, стъпките му бяха тромави и несигурни.
Thornton kniete neben Buck und tastete vorsichtig nach gebrochenen Knochen.
Торнтън коленичи до Бък и внимателно опипа за счупени кости.
Seine Hände waren rau, bewegten sich aber mit Freundlichkeit und Sorgfalt.
Ръцете му бяха груби, но движени с доброта и грижа.
Bucks Körper wies Blutergüsse auf, wies jedoch keine bleibenden Verletzungen auf.
Тялото на Бък беше насинено, но не показваше трайни наранявания.
Zurück blieben schrecklicher Hunger und nahezu völlige Schwäche.
Това, което остана, беше ужасен глад и почти пълна слабост.
Als dies klar wurde, war der Schlitten bereits weit flussabwärts gefahren.
Докато това се разчисти, шейната беше отишла далеч надолу по реката.
Mann und Hund sahen zu, wie der Schlitten langsam über das knackende Eis kroch.
Човек и куче наблюдаваха как шейната бавно пълзи по напукания лед.
Dann sahen sie, wie der Schlitten in eine Mulde sank.
Тогава видяха как шейната потъва в една вдлъбнатина.
Die Gee-Stange flog in die Höhe, und Hal klammerte sich immer noch vergeblich daran fest.
Въртящият прът полетя нагоре, а Хал все още се държеше напразно за него.
Mercedes' Schrei erreichte sie über die kalte Ferne.
Викът на Мерседес ги достигна през студеното разстояние.
Charles drehte sich um und trat zurück – aber er war zu spät.
Чарлз се обърна и отстъпи назад — но беше твърде късно.
Eine ganze Eisdecke brach nach und sie alle fielen hindurch.
Цяла ледена покривка се поддаде и всички те пропаднаха.

Hunde, Schlitten und Menschen verschwanden im schwarzen Wasser darunter.

Кучета, шейни и хора изчезнаха в черната вода долу.

An der Stelle, an der sie vorbeigekommen waren, war nur ein breites Loch im Eis zurückgeblieben.

Само широка дупка в леда беше останала там, където бяха минали.

Der Boden des Pfades war nach unten abgesunken – genau wie Thornton gewarnt hatte.

Долната част на пътеката се беше срината — точно както Торнтън предупреди.

Thornton und Buck sahen sich einen Moment lang schweigend an.

Торнтън и Бък се спогледаха и замълчаха за момент.

„Du armer Teufel", sagte Thornton leise und Buck leckte ihm die Hand.

— Горкият дяволче — каза тихо Торнтън и Бък облиза ръката му.

Aus Liebe zu einem Mann
Заради любовта на един мъж

John Thornton erfror in der Kälte des vergangenen Dezembers seine Füße.
Джон Торнтън си измръзна краката в студа на предходния декември.
Seine Partner machten es ihm bequem und ließen ihn allein genesen.
Партньорите му го настаниха удобно и го оставиха да се възстанови сам.
Sie fuhren den Fluss hinauf, um ein Floß mit Sägestämmen für Dawson zu holen.
Те се отправиха нагоре по реката, за да съберат сал с дървени трупи за Доусън.
Er humpelte noch leicht, als er Buck vor dem Tod rettete.
Той все още леко куцаше, когато спаси Бък от смърт.
Aber bei anhaltend warmem Wetter verschwand sogar dieses Hinken.
Но с продължаващото топло време, дори това куцане изчезна.
Buck ruhte sich an langen Frühlingstagen am Flussufer aus.
Лежейки край брега на реката през дългите пролетни дни, Бък си почиваше.
Er beobachtete das fließende Wasser und lauschte den Vögeln und Insekten.
Той наблюдаваше течащата вода и слушаше птици и насекоми.
Langsam erlangte Buck unter Sonne und Himmel seine Kraft zurück.
Бавно Бък възвърна силите си под слънцето и небето.
Nach einer Reise von dreitausend Meilen war eine Pause ein wunderbares Gefühl.
Почивката беше прекрасно усещане след изминаване на три хиляди мили.
Buck wurde träge, als seine Wunden heilten und sein Körper an Gewicht zunahm.

Бък стана мързелив, докато раните му заздравяваха и тялото му се изпълваше.
Seine Muskeln wurden fester und das Fleisch bedeckte wieder seine Knochen.
Мускулите му се стегнаха и плътта отново покри костите му.
Sie ruhten sich alle aus – Buck, Thornton, Skeet und Nig.
Всички си почиваха — Бък, Торнтън, Скийт и Ниг.
Sie warteten auf das Floß, das sie nach Dawson bringen sollte.
Те чакаха сала, който щеше да ги отведе до Доусън.
Skeet war ein kleiner Irish Setter, der sich mit Buck anfreundete.
Скийт беше малък ирландски сетер, който се сприятели с Бък.
Buck war zu schwach und krank, um ihr bei ihrem ersten Treffen Widerstand zu leisten.
Бък беше твърде слаб и болен, за да ѝ се съпротивлява при първата им среща.
Skeet hatte die Heilereigenschaft, die manche Hunde von Natur aus besitzen.
Скийт притежаваше лечителската черта, която някои кучета естествено притежават.
Wie eine Katzenmutter leckte und reinigte sie Bucks offene Wunden.
Като майка котка, тя облизваше и почистваше разранените рани на Бък.
Jeden Morgen nach dem Frühstück wiederholte sie ihre sorgfältige Arbeit.
Всяка сутрин след закуска тя повтаряше старателната си работа.
Buck erwartete ihre Hilfe ebenso sehr wie die von Thornton.
Бък очакваше нейната помощ толкова, колкото и тази на Торнтън.
Nig war auch freundlich, aber weniger offen und weniger liebevoll.

Ниг също беше дружелюбен, но по-малко открит и по-малко привързан.
Nig war ein großer schwarzer Hund, halb Bluthund, halb Hirschhund.
Ниг беше голямо черно куче, наполовина хрътка, наполовина диърхаунд.
Er hatte lachende Augen und eine unendlich gute Seele.
Той имаше смеещи се очи и безкрайна доброта в духа си.
Zu Bucks Überraschung zeigte keiner der Hunde Eifersucht ihm gegenüber.
За изненада на Бък, нито едно от кучетата не показа ревност към него.
Sowohl Skeet als auch Nig erfuhren die Freundlichkeit von John Thornton.
И Скийт, и Ниг споделяха добротата на Джон Торнтън.
Als Buck stärker wurde, verleiteten sie ihn zu albernen Hundespielen.
Докато Бък ставаше все по-силен, те го примамваха в глупави кучешки игри.
Auch Thornton spielte oft mit ihnen und konnte ihrer Freude nicht widerstehen.
Торнтън също често играеше с тях, неспособен да устои на радостта им.
Auf diese spielerische Weise gelang Buck der Übergang von der Krankheit in ein neues Leben.
По този игрив начин Бък премина от болестта към нов живот.
Endlich hatte er Liebe gefunden – wahre, brennende und leidenschaftliche Liebe.
Любовта — истинска, пламенна и страстна любов — най-накрая беше негова.
Auf Millers Anwesen hatte er diese Art von Liebe nie erlebt.
Той никога не беше познавал подобна любов в имението на Милър.
Mit den Söhnen des Richters hatte er Arbeit und Abenteuer geteilt.

Със синовете на съдията той споделяше работа и приключения.
Bei den Enkeln sah er steifen und prahlerischen Stolz.
При внуците той видя скована и хвалебствена гордост.
Mit Richter Miller selbst verband ihn eine respektvolle Freundschaft.
Със самия съдия Милър той поддържаше уважително приятелство.
Doch mit Thornton kam eine Liebe, die Feuer, Wahnsinn und Anbetung war.
Но любовта, която беше огън, лудост и преклонение, дойде с Торнтън.
Dieser Mann hatte Bucks Leben gerettet, und das allein bedeutete sehr viel.
Този човек беше спасил живота на Бък и само това означаваше много.
Aber darüber hinaus war John Thornton der ideale Meistertyp.
Но повече от това, Джон Торнтън беше идеалният тип учител.
Andere Männer kümmerten sich aus Pflichtgefühl oder geschäftlicher Notwendigkeit um Hunde.
Други мъже се грижеха за кучета от дължност или по служебна необходимост.
John Thornton kümmerte sich um seine Hunde, als wären sie seine Kinder.
Джон Торнтън се грижеше за кучетата си, сякаш бяха негови деца.
Er kümmerte sich um sie, weil er sie liebte und einfach nicht anders konnte.
Той се грижеше за тях, защото ги обичаше и просто не можеше да се сдържи.
John Thornton sah sogar weiter, als die meisten Menschen jemals sehen konnten.
Джон Торнтън виждаше дори по-далеч, отколкото повечето мъже някога успяваха да видят.

Er vergaß nie, sie freundlich zu grüßen oder ein aufmunterndes Wort zu sagen.
Той никога не забравяше да ги поздрави любезно или да им каже някоя окуражителна дума.
Er liebte es, mit den Hunden zusammenzusitzen und lange zu reden, oder, wie er sagte, „gasy".
Той обичаше да седи с кучетата за дълги разговори, или както казваше, „газове".
Er packte Bucks Kopf gern grob zwischen seinen starken Händen.
Той обичаше да хваща грубо главата на Бък между силните си ръце.
Dann lehnte er seinen Kopf an Bucks und schüttelte ihn sanft.
След това той опря глава на тази на Бък и нежно го разтърси.
Die ganze Zeit über beschimpfte er Buck mit unhöflichen Namen, die für ihn Liebe bedeuteten.
През цялото време той наричаше Бък с груби имена, което за него означаваше любов.
Buck bereiteten diese grobe Umarmung und diese Worte große Freude.
На Бък тази груба прегръдка и тези думи донесоха дълбока радост.
Sein Herz schien bei jeder Bewegung vor Glück zu beben.
Сърцето му сякаш се разтреперваше от щастие при всяко движение.
Als er anschließend aufsprang, sah sein Mund aus, als würde er lachen.
Когато скочи след това, устата му сякаш се смееше.
Seine Augen leuchteten hell und seine Kehle zitterte vor unausgesprochener Freude.
Очите му блестяха ярко, а гърлото му трепереше от неизказана радост.
Sein Lächeln blieb in diesem Zustand der Ergriffenheit und glühenden Zuneigung stehen.

Усмивката му замръзна в това състояние на емоция и сияйна обич.

Dann rief Thornton nachdenklich aus: „Gott! Er kann fast sprechen!"

Тогава Торнтън възкликна замислено: „Боже! Той почти може да говори!"

Buck hatte eine seltsame Art, Liebe auszudrücken, die beinahe Schmerzen verursachte.

Бък имаше странен начин да изразява любов, който почти причиняваше болка.

Er umklammerte Thorntons Hand oft sehr fest mit seinen Zähnen.

Той често стискаше здраво ръката на Торнтън със зъби.

Der Biss würde tiefe Spuren hinterlassen, die noch einige Zeit blieben.

Ухапването щеше да остави дълбоки следи, които щеше да останат известно време след това.

Buck glaubte, dass diese Eide Liebe waren, und Thornton wusste das auch.

Бък вярваше, че тези клетви са любов, а Торнтън знаеше същото.

Meistens zeigte sich Bucks Liebe in stiller, fast stummer Verehrung.

Най-често любовта на Бък се проявяваше в тихо, почти безмълвно обожание.

Obwohl er sich freute, wenn man ihn berührte oder ansprach, suchte er nicht nach Aufmerksamkeit.

Въпреки че се вълнуваше, когато го докосваха или му говореха, той не търсеше внимание.

Skeet schob ihre Nase unter Thorntons Hand, bis er sie streichelte.

Скийт пъхна носа си под ръката на Торнтън, докато той не я погали.

Nig kam leise herbei und legte seinen großen Kopf auf Thorntons Knie.

Ниг се приближи тихо и отпусна голямата си глава на коляното на Торнтън.

Buck hingegen war zufrieden damit, aus respektvoller Distanz zu lieben.
Бък, за разлика от него, беше доволен да обича от почтително разстояние.
Er lag stundenlang zu Thorntons Füßen, wachsam und aufmerksam beobachtend.
Той лежеше с часове в краката на Торнтън, нащрек и наблюдавайки внимателно.
Buck studierte jedes Detail des Gesichts seines Herrn und jede kleinste Bewegung.
Бък изучи всеки детайл от лицето на господаря си и най-малкото му движение.
Oder er blieb weiter weg liegen und betrachtete schweigend die Gestalt des Mannes.
Или лъжеше по-надалеч, изучавайки мълчаливо силуета на мъжа.
Buck beobachtete jede kleine Bewegung, jede Veränderung seiner Haltung oder Geste.
Бък наблюдаваше всяко малко движение, всяка промяна в стойката или жеста.
Diese Verbindung war so stark, dass sie Thorntons Blick oft auf sich zog.
Толкова силна беше тази връзка, че често привличаше погледа на Торнтън.
Er begegnete Bucks Blick ohne Worte, Liebe schimmerte deutlich hindurch.
Той срещна погледа на Бък без думи, през който ясно блестеше любов.
Nach seiner Rettung ließ Buck Thornton lange Zeit nicht aus den Augen.
Дълго време след като беше спасен, Бък не изпускаше Торнтън от поглед.
Immer wenn Thornton das Zelt verließ, folgte Buck ihm dicht auf den Fersen.
Винаги, когато Торнтън напускаше палатката, Бък го следваше плътно навън.

All die strengen Herren im Nordland hatten Buck Angst gemacht, zu vertrauen.
Всички сурови господари в Северната земя бяха накарали Бък да се страхува да се доверява.
Er befürchtete, dass kein Mann länger als kurze Zeit sein Herr bleiben könnte.
Той се страхуваше, че никой човек не може да остане негов господар за повече от кратко време.
Er befürchtete, dass John Thornton wie Perrault und François verschwinden würde.
Той се страхуваше, че Джон Торнтън ще изчезне като Перо и Франсоа.
Sogar nachts quälte die Angst, ihn zu verlieren, Buck mit unruhigem Schlaf.
Дори през нощта страхът от загубата му преследваше неспокойния сън на Бък.
Als Buck aufwachte, kroch er in die Kälte hinaus und ging zum Zelt.
Когато Бък се събуди, той се измъкна навън в студа и отиде до палатката.
Er lauschte aufmerksam auf das leise Geräusch des Atmens in seinem Inneren.
Той се ослуша внимателно за тихия звук на дишането вътре.
Trotz Bucks tiefer Liebe zu John Thornton blieb die Wildnis am Leben.
Въпреки дълбоката любов на Бък към Джон Торнтън, дивото остана жива.
Dieser im Norden erwachte primitive Instinkt ist nicht verschwunden.
Този примитивен инстинкт, събуден на Севера, не изчезна.
Liebe brachte Hingabe, Treue und die warme Verbundenheit des Kaminfeuers.
Любовта донесе преданост, лоялност и топлата връзка край огъня.
Aber Buck behielt auch seine wilden Instinkte, scharf und stets wachsam.

Но Бък също така запази дивите си инстинкти, остри и винаги бдителни.

Er war nicht nur ein gezähmtes Haustier aus den sanften Ländern der Zivilisation.

Той не беше просто опитомен домашен любимец от меките земи на цивилизацията.

Buck war ein wildes Wesen, das hereingekommen war, um an Thorntons Feuer zu sitzen.

Бък беше диво същество, което беше дошло да поседи край огъня на Торнтън.

Er sah aus wie ein Südlandhund, aber in ihm lebte Wildheit.

Приличаше на куче от Южна земя, но в него живееше дива природа.

Seine Liebe zu Thornton war zu groß, um zuzulassen, dass er den Mann bestohlen hätte.

Любовта му към Торнтън беше твърде голяма, за да позволи кражба от него.

Aber in jedem anderen Lager würde er dreist und ohne Pause stehlen.

Но във всеки друг лагер той би крал смело и без прекъсване.

Er war beim Stehlen so geschickt, dass ihn niemand erwischen oder beschuldigen konnte.

Той беше толкова хитър в кражбата, че никой не можеше да го хване или обвини.

Sein Gesicht und sein Körper waren mit Narben aus vielen vergangenen Kämpfen übersät.

Лицето и тялото му бяха покрити с белези от многобройни минали битки.

Buck kämpfte immer noch erbittert, aber jetzt kämpfte er mit mehr List.

Бък все още се бореше яростно, но сега се биеше с повече хитрост.

Skeet und Nig waren zu sanft, um zu kämpfen, und sie gehörten Thornton.

Скийт и Ниг бяха твърде кротки, за да се бият, а и бяха на Торнтън.

Aber jeder fremde Hund, egal wie stark oder mutig, wich zurück.
Но всяко странно куче, независимо колко е силно или смело, отстъпваше.
Ansonsten kämpfte der Hund gegen Buck und um sein Leben.
В противен случай кучето се озоваваше в битка с Бък; бореше се за живота си.
Buck kannte keine Gnade, wenn er sich entschied, gegen einen anderen Hund zu kämpfen.
Бък нямаше милост, след като реши да се бие с друго куче.
Er hatte das Gesetz der Keule und des Reißzahns im Nordland gut gelernt.
Той беше добре изучил закона на тоягата и зъба в Северната земя.
Er gab nie einen Vorteil auf und wich nie einer Schlacht aus.
Той никога не се отказваше от предимство и никога не се отказваше от битката.
Er hatte Spitz und die wildesten Post- und Polizeihunde studiert.
Той беше изучил Шпиц и най-свирепите кучета на пощата и полицията.
Er wusste genau, dass es im wilden Kampf keinen Mittelweg gab.
Той знаеше ясно, че в дивата битка няма средно положение.
Er musste herrschen oder beherrscht werden; Gnade zu zeigen, hieße, Schwäche zu zeigen.
Той трябваше да управлява или да бъде управляван; проявяването на милост означаваше проявяване на слабост.
In der rauen und brutalen Welt des Überlebens kannte man keine Gnade.
Милостта беше непозната в суровия и брутален свят на оцеляването.
Gnade zu zeigen wurde als Angst angesehen und Angst führte schnell zum Tod.

Да проявиш милост се е възприемало като страх, а страхът е водил бързо до смърт.

Das alte Gesetz war einfach: töten oder getötet werden, essen oder gefressen werden.

Старият закон беше прост: убий или бъди убит, яж или бъди изяден.

Dieses Gesetz stammte aus längst vergangenen Zeiten und Buck befolgte es vollständig.

Този закон идваше от дълбините на времето и Бък го следваше стриктно.

Buck war älter als sein Alter und die Anzahl seiner Atemzüge.

Бък беше по-възрастен от годините си и от броя на вдишванията, които поемаше.

Er verband die ferne Vergangenheit klar mit der Gegenwart.

Той ясно свързваше древното минало с настоящето.

Die tiefen Rhythmen der Zeitalter bewegten sich durch ihn wie die Gezeiten.

Дълбоките ритми на вековете се движеха през него като приливите и отливите.

Die Zeit pulsierte in seinem Blut so sicher, wie die Jahreszeiten die Erde bewegen.

Времето пулсираше в кръвта му така сигурно, както сезоните движеха земята.

Er saß mit starker Brust und weißen Reißzähnen an Thorntons Feuer.

Той седеше до огъня на Торнтън, с едри гърди и бели зъби.

Sein langes Fell wehte, aber hinter ihm beobachteten ihn die Geister wilder Hunde.

Дългата му козина се вееше, но зад него духовете на дивите кучета наблюдаваха.

Halbwölfe und Vollwölfe regten sich in seinem Herzen und seinen Sinnen.

Полувълци и истински вълци се раздвижиха в сърцето и сетивата му.

Sie probierten sein Fleisch und tranken dasselbe Wasser wie er.

Те опитаха месото му и пиха същата вода като него.
Sie schnupperten neben ihm den Wind und lauschten dem Wald.
Те подушиха вятъра до него и се заслушаха в гората.
Sie flüsterten die Bedeutung der wilden Geräusche in der Dunkelheit.
Те шепнеха значенията на дивите звуци в тъмнината.
Sie prägten seine Stimmungen und leiteten jede seiner stillen Reaktionen.
Те оформяха настроенията му и насочваха всяка от тихите му реакции.
Sie lagen bei ihm, während er schlief, und wurden Teil seiner tiefen Träume.
Те лежаха с него, докато спеше, и ставаха част от дълбоките му сънища.
Sie träumten mit ihm, über ihn hinaus und bildeten seinen Geist.
Те мечтаеха с него, отвъд него, и съставляваха самия му дух.
Die Geister der Wildnis riefen so stark, dass Buck sich hingezogen fühlte.
Духовете на дивата природа зовеха толкова силно, че Бък се почувства привлечен.
Mit jedem Tag wurden die Menschheit und ihre Ansprüche in Bucks Herzen schwächer.
С всеки изминал ден човечеството и неговите претенции отслабваха в сърцето на Бък.
Tief im Wald würde ein seltsamer und aufregender Ruf erklingen.
Дълбоко в гората се готвеше да се чуе странен и вълнуващ зов.
Jedes Mal, wenn er den Ruf hörte, verspürte Buck einen Drang, dem er nicht widerstehen konnte.
Всеки път, когато чуеше обаждането, Бък изпитваше порив, на който не можеше да устои.
Er wollte sich vom Feuer und den ausgetretenen menschlichen Pfaden abwenden.

Той щеше да се отвърне от огъня и от утъпканите човешки пътеки.

Er wollte in den Wald eintauchen und weitergehen, ohne zu wissen, warum.

Той щеше да се гмурне в гората, да продължава напред, без да знае защо.

Er hinterfragte diese Anziehungskraft nicht, denn der Ruf war tief und kraftvoll.

Той не постави под въпрос това привличане, защото зовът беше дълбок и силен.

Oft erreichte er den grünen Schatten und die weiche, unberührte Erde

Често той достигаше зелената сянка и меката недокосната земя

Doch dann zog ihn die große Liebe zu John Thornton zurück zum Feuer.

Но тогава силната любов към Джон Торнтън го привлече обратно към огъня.

Nur John Thornton hatte Bucks wildes Herz wirklich in seiner Gewalt.

Само Джон Торнтън наистина държеше дивото сърце на Бък в хватката си.

Der Rest der Menschheit hatte für Buck keinen bleibenden Wert oder keine bleibende Bedeutung.

Останалата част от човечеството нямаше трайна стойност или смисъл за Бък.

Fremde könnten ihn loben oder ihm mit freundlichen Händen über das Fell streicheln.

Непознати може да го хвалят или да галят козината му с приятелски ръце.

Buck blieb ungerührt und ging vor lauter Zuneigung davon.

Бък остана невъзмутим и си тръгна, твърде много обичлив.

Hans und Pete kamen mit dem lange erwarteten Floß

Ханс и Пит пристигнаха със сала, който отдавна бяха чакали.

Buck ignorierte sie, bis er erfuhr, dass sie sich in der Nähe von Thornton befanden.

Бък ги игнорираше, докато не научи, че са близо до Торнтън.
Danach tolerierte er sie, zeigte ihnen jedoch nie seine volle Zuneigung.
След това той ги търпя, но никога не им показваше пълна топлота.
Er nahm Essen oder Freundlichkeiten von ihnen an, als täte er ihnen einen Gefallen.
Той приемаше храна или добрини от тях, сякаш им правеше услуга.
Sie waren wie Thornton – einfach, ehrlich und klar im Denken.
Те бяха като Торнтън — прости, честни и с ясни мисли.
Gemeinsam reisten sie zu Dawsons Sägewerk und dem großen Wirbel
Всички заедно пътуваха до дъскорезницата на Доусън и големия водовъртеж
Auf ihrer Reise lernten sie Bucks Wesen tiefgründig kennen.
По време на пътуването си те се научиха да разбират дълбоко природата на Бък.
Sie versuchten nicht, sich näherzukommen, wie es Skeet und Nig getan hatten.
Те не се опитаха да се сближат, както направиха Скийт и Ниг.
Doch Bucks Liebe zu John Thornton wurde mit der Zeit immer stärker.
Но любовта на Бък към Джон Торнтън само се задълбочаваше с времето.
Nur Thornton könnte Buck im Sommer eine Last auf die Schultern laden.
Само Торнтън можеше да сложи раница на гърба на Бък през лятото.
Was auch immer Thornton befahl, Buck war bereit, es uneingeschränkt zu tun.
Каквото и да заповядаше Торнтън, Бък беше готов да изпълни напълно.

Eines Tages, nachdem sie Dawson in Richtung der Quellgewässer des Tanana verlassen hatten,
Един ден, след като напуснаха Доусън и се отправиха към горните притоци на Танана,
die Gruppe saß auf einer Klippe, die dreihundert Fuß bis zum nackten Fels abfiel.
Групата седеше на скала, която се спускаше на метър до гола скална основа.
John Thornton saß nahe der Kante und Buck ruhte sich neben ihm aus.
Джон Торнтън седеше близо до ръба, а Бък си почиваше до него.
Thornton hatte plötzlich eine Idee und rief die Männer auf sich aufmerksam.
На Торнтън му хрумна внезапна мисъл и той привлече вниманието на мъжете.
Er deutete über den Abgrund und gab Buck einen einzigen Befehl.
Той посочи през пропастта и даде на Бък една-единствена команда.
„Spring, Buck!", sagte er und schwang seinen Arm über den Abgrund.
„Скачай, Бък!" – каза той, размахвайки ръка над пропастта.
Einen Moment später musste er Buck packen, der sofort lossprang, um zu gehorchen.
След миг трябваше да сграбчи Бък, който скачаше да се подчини.
Hans und Pete eilten nach vorne und zogen beide in Sicherheit.
Ханс и Пийт се втурнаха напред и дръпнаха и двамата на безопасно място.
Nachdem alles vorbei war und sie wieder zu Atem gekommen waren, ergriff Pete das Wort.
След като всичко свърши и те си поеха дъх, Пит проговори.

„Die Liebe ist unheimlich", sagte er, erschüttert von der wilden Hingabe des Hundes.

„Любовта е необикновена", каза той, разтърсен от свирепата преданост на кучето.

Thornton schüttelte den Kopf und antwortete mit ruhiger Ernsthaftigkeit.

Торнтън поклати глава и отговори със спокойна сериозност.

„Nein, die Liebe ist großartig", sagte er, „aber auch schrecklich."

„Не, любовта е прекрасна", каза той, „но и ужасна."

„Manchmal, das muss ich zugeben, macht mir diese Art von Liebe Angst."

„Понякога, трябва да призная, този вид любов ме плаши."

Pete nickte und sagte: „Ich möchte nicht der Mann sein, der dich berührt."

Пийт кимна и каза: „Не бих искал да съм човекът, който ще те докосне."

Er sah Buck beim Sprechen ernst und voller Respekt an.

Той погледна Бък, докато говореше, сериозен и изпълнен с уважение.

„Py Jingo!", sagte Hans schnell. „Ich auch nicht, nein, Sir."

— Пи Джинго! — каза бързо Ханс. — И аз не, сър.

Noch vor Jahresende wurden Petes Befürchtungen in Circle City wahr.

Преди края на годината, страховете на Пийт се сбъднаха в Сръкъл Сити.

Ein grausamer Mann namens Black Burton hat in der Bar eine Schlägerei angezettelt.

Жесток мъж на име Блек Бъртън се сби в бара.

Er war wütend und bösartig und ging auf einen Neuling los.

Той беше ядосан и злобен, нахвърляйки се върху нов неопитен младеж.

John Thornton schritt ein, ruhig und gutmütig wie immer.

Джон Торнтън се намеси, спокоен и добродушен както винаги.

Buck lag mit gesenktem Kopf in einer Ecke und beobachtete Thornton aufmerksam.
Бък лежеше в ъгъла, с наведена глава, и наблюдаваше внимателно Торнтън.
Burton schlug plötzlich zu und sein Schlag ließ Thornton herumwirbeln.
Бъртън внезапно нанесе удар, като ударът му завъртя Торнтън.
Nur die Stangenreling verhinderte, dass er hart auf den Boden stürzte.
Само парапетът на бара го предпази от това да се разбие силно на земята.
Die Beobachter hörten ein Geräusch, das weder Bellen noch Jaulen war
Наблюдателите чуха звук, който не беше лай или скимтене
Ein tiefes Brüllen kam von Buck, als er auf den Mann zustürzte.
Бък изрева дълбоко, когато се хвърли към мъжа.
Burton riss seinen Arm hoch und rettete nur knapp sein eigenes Leben.
Бъртън вдигна ръка и едва спаси живота си.
Buck prallte gegen ihn und warf ihn flach auf den Boden.
Бък се блъсна в него и го повали на пода.
Buck biss tief in den Arm des Mannes und stürzte sich dann auf die Kehle.
Бък захапа дълбоко ръката на мъжа, след което се хвърли към гърлото му.
Burton konnte den Angriff nur teilweise blocken und sein Hals wurde aufgerissen.
Бъртън успя да блокира само частично и вратът му беше разкъсан.
Männer stürmten mit erhobenen Knüppeln herein und vertrieben Buck von dem blutenden Mann.
Мъже нахлуха с вдигнати тояги и отблъснаха Бък от кървящия мъж.

Ein Chirurg arbeitete schnell, um den Blutausfluss zu stoppen.
Хирургът действаше бързо, за да спре изтичането на кръв.
Buck ging auf und ab und knurrte, während er immer wieder versuchte anzugreifen.
Бък крачеше напред-назад и ръмжеше, опитвайки се да атакува отново и отново.
Nur schwingende Knüppel hielten ihn davon ab, Burton zu erreichen.
Само размахващите се стикове го спряха да стигне до Бъртън.
Eine Bergarbeiterversammlung wurde einberufen und noch vor Ort abgehalten.
Свикано е събрание на миньорите, което се проведе на място.
Sie waren sich einig, dass Buck provoziert worden war, und stimmten für seine Freilassung.
Те се съгласиха, че Бък е бил провокиран и гласуваха да го освободят.
Doch Bucks wilder Name hallte nun durch jedes Lager in Alaska.
Но свирепото име на Бък сега отекваше във всеки лагер в Аляска.
Später im Herbst rettete Buck Thornton erneut auf eine neue Art und Weise.
По-късно същата есен Бък отново спасява Торнтън по нов начин.
Die drei Männer steuerten ein langes Boot durch wilde Stromschnellen.
Тримата мъже водеха дълга лодка по бурни бързеи.
Thornton steuerte das Boot und rief Anweisungen zur Küste.
Торнтън управляваше лодката и викаше указания как да стигнем до брега.
Hans und Pete rannten an Land und hielten sich an einem Seil fest, das sie von Baum zu Baum führte.

Ханс и Пит тичаха по сушата, държейки въже, прекарано от дърво на дърво.

Buck hielt am Ufer Schritt und behielt seinen Herrn immer im Auge.

Бък не отстъпваше по брега, като непрекъснато наблюдаваше господаря си.

An einer ungünstigen Stelle ragten Felsen aus dem schnellen Wasser hervor.

На едно гадно място, скали стърчаха под бързата вода.

Hans ließ das Seil los und Thornton steuerte das Boot weit.

Ханс пусна въжето и Торнтън насочи лодката нашироко.

Hans sprintete, um das Boot an den gefährlichen Felsen vorbei wieder zu erreichen.

Ханс спринтира, за да настигне лодката отново покрай опасните скали.

Das Boot passierte den Felsvorsprung, geriet jedoch in eine stärkere Strömung.

Лодката прескочи ръбовете, но удари по-силна част от течението.

Hans griff zu schnell nach dem Seil und brachte das Boot aus dem Gleichgewicht.

Ханс грабна въжето твърде бързо и извади лодката от равновесие.

Das Boot kenterte und prallte mit dem Hinterteil nach oben gegen das Ufer.

Лодката се преобърна и се удари в брега, с дъното нагоре.

Thornton wurde hinausgeworfen und in den wildesten Teil des Wassers geschwemmt.

Торнтън беше изхвърлен и отнесен в най-дивата част на водата.

Kein Schwimmer hätte in diesen tödlichen, reißenden Gewässern überleben können.

Никой плувец не би могъл да оцелее в тези смъртоносни, бързи води.

Buck sprang sofort hinein und jagte seinen Herrn den Fluss hinunter.

Бък скочи мигновено и подгони господаря си надолу по реката.

Nach dreihundert Metern erreichte er endlich Thornton.

След триста ярда най-накрая стигна до Торнтън.

Thornton packte Buck am Schwanz und Buck drehte sich zum Ufer um.

Торнтън сграбчи Бък за опашката и Бък се обърна към брега.

Er schwamm mit voller Kraft und kämpfte gegen den wilden Sog des Wassers an.

Той плуваше с пълна сила, борейки се с дивото съпротивление на водата.

Sie bewegten sich schneller flussabwärts, als sie das Ufer erreichen konnten.

Те се движеха надолу по течението по-бързо, отколкото можеха да стигнат до брега.

Vor ihnen toste der Fluss immer lauter und stürzte in tödliche Stromschnellen.

Напред реката бучеше по-силно, докато се спускаше в смъртоносни бързеи.

Felsen schnitten durch das Wasser wie die Zähne eines riesigen Kamms.

Камъни прорязваха водата като зъбите на огромен гребен.

Die Anziehungskraft des Wassers in der Nähe des Tropfens war wild und unausweichlich.

Привличането на водата близо до пропастта беше свирепо и неудържимо.

Thornton wusste, dass sie das Ufer nie rechtzeitig erreichen würden.

Торнтън знаеше, че никога няма да успеят да стигнат до брега навреме.

Er schrammte über einen Felsen, zerschmetterte einen zweiten,

Той се огъваше по един камък, блъскаше се във втори,

Und dann prallte er gegen einen dritten Felsen, den er mit beiden Händen festhielt.

И тогава се блъсна в трети камък, хващайки го с две ръце.

Er ließ Buck los und übertönte das Gebrüll: „Los, Buck! Los!"
Той пусна Бък и извика над рева: „Давай, Бък! Давай!"
Buck konnte sich nicht über Wasser halten und wurde von der Strömung mitgerissen.
Бък не можа да се задържи на повърхността и беше повлечен от течението.
Er kämpfte hart und versuchte, sich umzudrehen, kam aber überhaupt nicht voran.
Той се бореше усилено, мъчеше се да се обърне, но не постигна никакъв напредък.
Dann hörte er, wie Thornton den Befehl über das Tosen des Flusses hinweg wiederholte.
Тогава чу Торнтън да повтаря командата над рева на реката.
Buck erhob sich aus dem Wasser und hob den Kopf, als wolle er einen letzten Blick werfen.
Бък се изправи на задните си крака от водата и вдигна глава, сякаш за последен поглед.
dann drehte er sich um und gehorchte und schwamm entschlossen auf das Ufer zu.
след това се обърна и се подчини, плувайки решително към брега.
Pete und Hans zogen ihn im letzten Moment an Land.
Пийт и Ханс го издърпаха на брега в последния възможен момент.
Sie wussten, dass Thornton sich nur noch wenige Minuten am Felsen festklammern konnte.
Те знаеха, че Торнтън може да се вкопчи в скалата само още няколко минути.
Sie rannten das Ufer hinauf zu einer Stelle weit oberhalb der Stelle, an der er hing.
Те се изкачиха по брега до място далеч над мястото, където той висеше.
Sie befestigten die Bootsleine sorgfältig an Bucks Hals und Schultern.

Те внимателно завързаха въжето на лодката за врата и раменете на Бък.
Das Seil saß eng, war aber locker genug zum Atmen und für Bewegung.
Въжето беше стегнато, но достатъчно хлабаво за дишане и движение.
Dann warfen sie ihn erneut in den reißenden, tödlichen Fluss.
След това отново го пуснаха в бързата, смъртоносна река.
Buck schwamm mutig, verpasste jedoch seinen Winkel in die Kraft des Stroms.
Бък плуваше смело, но пропусна ъгъла си в силата на течението.
Er sah zu spät, dass er an Thornton vorbeiziehen würde.
Твърде късно видя, че ще подмине Торнтън.
Hans riss das Seil fest, als wäre Buck ein kenterndes Boot.
Ханс дръпна въжето силно, сякаш Бък беше преобръщаща се лодка.
Die Strömung zog ihn nach unten und er verschwand unter der Oberfläche.
Течението го повлече надолу и той изчезна под повърхността.
Sein Körper schlug gegen das Ufer, bevor Hans und Pete ihn herauszogen.
Тялото му се удари в банката, преди Ханс и Пийт да го извадят.
Er war halb ertrunken und sie haben das Wasser aus ihm herausgeprügelt.
Той беше полуудавен и те изтръгнаха водата от него.
Buck stand auf, taumelte und brach erneut auf dem Boden zusammen.
Бък се изправи, олюля се и отново се стропoли на земята.
Dann hörten sie Thorntons Stimme, die schwach vom Wind getragen wurde.
Тогава чуха гласа на Торнтън, слабо донесен от вятъра.
Obwohl die Worte undeutlich waren, wussten sie, dass er dem Tode nahe war.

Въпреки че думите бяха неясни, те знаеха, че е близо до смъртта.
Der Klang von Thorntons Stimme traf Buck wie ein elektrischer Schlag.
Звукът на гласа на Торнтън удари Бък като електрически шок.
Er sprang auf, rannte das Ufer hinauf und kehrte zum Startpunkt zurück.
Той скочи и хукна нагоре по брега, връщайки се към мястото за излитане.
Wieder banden sie Buck das Seil fest und wieder betrat er den Bach.
Отново завързаха въжето за Бък и той отново влезе в потока.
Diesmal schwamm er direkt und entschlossen in das rauschende Wasser.
Този път той плуваше директно и уверено в бързащата вода.
Hans ließ das Seil langsam los, während Pete darauf achtete, dass es sich nicht verhedderte.
Ханс пусна въжето равномерно, докато Пит го предпазваше от оплитане.
Buck schwamm schnell, bis er direkt über Thornton auf einer Linie lag.
Бък плуваше силно, докато не се озова точно над Торнтън.
Dann drehte er sich um und raste wie ein Zug mit voller Geschwindigkeit nach unten.
След това се обърна и се втурна надолу като влак с пълна скорост.
Thornton sah ihn kommen, machte sich bereit und schlang die Arme um seinen Hals.
Торнтън го видя да идва, стегна се и го прегърна около врата.
Hans band das Seil fest um einen Baum, als beide unter Wasser gezogen wurden.
Ханс здраво завърза въжето около едно дърво, докато и двамата бяха издърпани надолу.

Sie stürzten unter Wasser und zerschellten an Felsen und Flusstrümmern.
Те се претърколиха под водата, разбивайки се в скали и речни отломки.
In einem Moment war Buck oben, im nächsten erhob sich Thornton keuchend.
В един момент Бък беше отгоре, а в следващия Торнтън се изправи задъхан.
Zerschlagen und erstickend steuerten sie auf das Ufer zu und waren in Sicherheit.
Пребити и задавени, те се обърнаха към брега и на сигурно място.
Thornton erlangte sein Bewusstsein wieder und lag quer über einem Treibholzbaumstamm.
Торнтън дойде в съзнание, проснат върху един дънер.
Hans und Pete haben hart gearbeitet, um ihm Atem und Leben zurückzugeben.
Ханс и Пийт го натовариха усилено, за да му върнат дъха и живота.
Sein erster Gedanke galt Buck, der regungslos und schlaff dalag.
Първата му мисъл беше за Бък, който лежеше неподвижен и отпуснат.
Nig heulte über Bucks Körper und Skeet leckte sanft sein Gesicht.
Ниг виеше над тялото на Бък, а Скийт нежно облиза лицето му.
Thornton, wund und verletzt, untersuchte Buck mit vorsichtigen Händen.
Торнтън, с рани и синини, прегледа Бък внимателно.
Er stellte fest, dass der Hund drei Rippen gebrochen hatte, jedoch keine tödlichen Wunden aufwies.
Той откри три счупени ребра, но няма смъртоносни рани по кучето.
„Damit ist die Sache geklärt", sagte Thornton. „Wir zelten hier." Und das taten sie.

— Това е решение — каза Торнтън. — Ще лагеруваме тук. И те го направиха.

Sie blieben, bis Bucks Rippen verheilt waren und er wieder laufen konnte.
Те останаха, докато ребрата на Бък заздравяха и той можеше да ходи отново.

In diesem Winter vollbrachte Buck eine Leistung, die seinen Ruhm noch weiter steigerte.
През зимата Бък извърши подвиг, който допълнително увеличи славата му.

Es war weniger heroisch als Thornton zu retten, aber genauso beeindruckend.
Беше по-малко героично от спасяването на Торнтън, но също толкова впечатляващо.

In Dawson benötigten die Partner Vorräte für eine weite Reise.
В Доусън партньорите се нуждаеха от провизии за далечно пътуване.

Sie wollten nach Osten reisen, in unberührte Wildnisgebiete.
Те искаха да пътуват на изток, в недокоснати диви земи.

Bucks Tat im Eldorado Saloon machte diese Reise möglich.
Делото на Бък в салуна „Елдорадо" направи това пътуване възможно.

Es begann damit, dass Männer bei einem Drink mit ihren Hunden prahlten.
Започна с мъже, които се хвалеха с кучетата си, докато пиеха.

Bucks Ruhm machte ihn zur Zielscheibe von Herausforderungen und Zweifeln.
Славата на Бък го направи обект на предизвикателства и съмнения.

Thornton blieb stolz und ruhig und verteidigte Bucks Namen standhaft.
Торнтън, горд и спокоен, твърдо защитаваше името на Бък.

Ein Mann sagte, sein Hund könne problemlos zweihundertsechsunddreißig kg ziehen.

Един мъж каза, че кучето му може да тегли петстотин паунда с лекота.

Ein anderer sagte sechshundert und ein dritter prahlte mit siebenhundert.

Друг каза шестстотин, а трети се похвали със седемстотин.

„Pfft!", sagte John Thornton, „Buck kann einen fünfhundert kg schweren Schlitten ziehen."

— Пф! — каза Джон Торнтън. — Бък може да тегли шейна от хиляда паунда.

Matthewson, ein Bonanza-König, beugte sich vor und forderte ihn heraus.

Матюсън, един от Кралете на Бонанза, се наведе напред и го предизвика.

„Glauben Sie, er kann so viel Gewicht in Bewegung setzen?"

„Мислиш ли, че може да задвижи толкова голяма тежест?"

„Und Sie glauben, er kann das Gewicht volle hundert Meter weit ziehen?"

„И мислиш, че може да издърпа тежестта цели сто ярда?"

Thornton antwortete kühl: „Ja. Buck ist Hund genug, um das zu tun."

Торнтън отговори хладнокръвно: „Да. Бък е достатъчно куче, за да го направи."

„Er wird tausend Pfund in Bewegung setzen und es hundert Meter weit ziehen."

„Той ще задвижи хиляда паунда и ще го издърпа на сто ярда."

Matthewson lächelte langsam und stellte sicher, dass alle Männer seine Worte hörten.

Матюсън се усмихна бавно и се увери, че всички мъже чуха думите му.

„Ich habe tausend Dollar, die sagen, dass er es nicht kann. Da ist es."

„Имам хиляда долара, които твърдят, че не може. Ето ги."

Er knallte einen Sack Goldstaub von der Größe einer Wurst auf die Theke.
Той тръшна торбичка със златен прах, голяма колкото наденица, върху бара.
Niemand sagte ein Wort. Die Stille um sie herum wurde drückend und angespannt.
Никой не каза нито дума. Тишината около тях ставаше тежка и напрегната.
Thorntons Bluff – wenn es denn einer war – war ernst genommen worden.
Блъфът на Торнтън — ако изобщо е бил такъв — беше приет насериозно.
Er spürte, wie ihm die Hitze im Gesicht aufstieg und das Blut in seine Wangen schoss.
Той усети как горещината се надига в лицето му, докато кръвта нахлу в бузите му.
In diesem Moment war seine Zunge seiner Vernunft voraus.
В този момент езикът му изпревари разума му.
Er wusste wirklich nicht, ob Buck fünfhundert kg bewegen konnte.
Той наистина не знаеше дали Бък може да премести хиляда паунда.
Eine halbe Tonne! Allein die Größe ließ ihm das Herz schwer werden.
Половин тон! Само от размера му сърцето му се сви.
Er hatte Vertrauen in Bucks Stärke und hielt ihn für fähig.
Той вярваше в силата на Бък и го смяташе за способен.
Doch einer solchen Herausforderung war er noch nie begegnet, nicht auf diese Art und Weise.
Но никога не се беше сблъсквал с подобно предизвикателство, не и като това.
Ein Dutzend Männer beobachteten ihn still und warteten darauf, was er tun würde.
Дузина мъже го наблюдаваха мълчаливо, чакайки да видят какво ще направи.
Er hatte das Geld nicht – Hans und Pete auch nicht.
Той нямаше пари – нито пък Ханс, нито Пийт.

„Ich habe draußen einen Schlitten", sagte Matthewson kalt und direkt.

— Имам шейна отвън — каза Матюсън студено и директно.

„Es ist mit zwanzig Säcken zu je fünfzig Pfund beladen, alles Mehl.

„Натоварено е с двайсет чувала, по петдесет паунда всеки, всички брашно."

Lassen Sie sich also jetzt nicht von einem fehlenden Schlitten als Ausrede ausreden", fügte er hinzu.

„Така че не позволявайте на липсващата шейна да ви бъде извинение сега", добави той.

Thornton stand still da. Er wusste nicht, was er sagen sollte.

Торнтън мълчеше. Не знаеше какви думи да каже.

Er blickte sich die Gesichter an, ohne sie deutlich zu erkennen.

Той огледа лицата, без да ги вижда ясно.

Er sah aus wie ein Mann, der in Gedanken erstarrt war und versuchte, neu zu starten.

Той изглеждаше като човек, замръзнал в мисли, опитващ се да започне отново.

Dann sah er Jim O'Brien, einen Freund aus der Mastodon-Zeit.

Тогава видя Джим О'Брайън, приятел от времето на мастодонтите.

Dieses vertraute Gesicht gab ihm Mut, von dem er nicht wusste, dass er ihn hatte.

Това познато лице му вдъхна кураж, за която не знаеше, че я има.

Er drehte sich um und fragte mit leiser Stimme: „Können Sie mir tausend leihen?"

Той се обърна и попита тихо: „Можеш ли да ми дадеш назаем хиляда?"

„Sicher", sagte O'Brien und ließ bereits einen schweren Sack neben dem Gold fallen.

— Разбира се — каза О'Брайън, като вече пускаше тежък чувал до златото.

„Aber ehrlich gesagt, John, ich glaube nicht, dass das Biest das tun kann."
„Но честно казано, Джон, не вярвам, че звярът може да направи това."
Alle im Eldorado Saloon strömten nach draußen, um sich die Veranstaltung anzusehen.
Всички в салуна „Елдорадо" се втурнаха навън, за да видят събитието.
Sie ließen Tische und Getränke zurück und sogar die Spiele wurden unterbrochen.
Те напуснаха масите и напитките, а дори и игрите бяха спрени.
Dealer und Spieler kamen, um das Ende der kühnen Wette mitzuerleben.
Крупюорите и комарджиите дойдоха да станат свидетели на края на смелия облог.
Hunderte versammelten sich auf der vereisten Straße um den Schlitten.
Стотици се събраха около шейната на заледената открита улица.
Matthewsons Schlitten stand mit einer vollen Ladung Mehlsäcke da.
Шейната на Матюсън стоеше пълна с чували с брашно.
Der Schlitten stand stundenlang bei Minustemperaturen.
Шейната беше престояла с часове при минусови температури.
Die Kufen des Schlittens waren fest am festgetretenen Schnee festgefroren.
Плъзгачите на шейната бяха здраво замръзнали за утъпкания сняг.
Die Männer wetteten zwei zu eins, dass Buck den Schlitten nicht bewegen könne.
Мъжете предложиха коефициент две към едно, че Бък няма да може да премести шейната.
Es kam zu einem Streit darüber, was „ausbrechen" eigentlich bedeutet.

Избухна спор за това какво всъщност означава „избухване".

O'Brien sagte, Thornton solle die festgefrorene Basis des Schlittens lösen.

О'Брайън каза, че Торнтън трябва да разхлаби замръзналата основа на шейната.

Buck könnte dann aus einem soliden, bewegungslosen Start „ausbrechen".

Тогава Бък можеше да „избухне" от солиден, неподвижен старт.

Matthewson argumentierte, dass der Hund auch die Läufer befreien müsse.

Матюсън твърди, че кучето също трябва да освободи бегачите.

Die Männer, die von der Wette gehört hatten, stimmten Matthewsons Ansicht zu.

Мъжете, които бяха чули облога, се съгласиха с мнението на Матюсън.

Mit dieser Entscheidung stiegen die Chancen auf drei zu eins gegen Buck.

С това решение коефициентът скочи до три към едно срещу Бък.

Niemand trat vor, um die wachsende Drei-zu-eins-Chance auf sich zu nehmen.

Никой не се намеси, за да се възползва от нарастващия коефициент три към едно.

Kein einziger Mann glaubte, dass Buck diese große Leistung vollbringen könnte.

Никой мъж не вярваше, че Бък може да извърши великия подвиг.

Thornton war zu der Wette gedrängt worden, obwohl er voller Zweifel war.

Торнтън беше принуден да се обзаложи, обзет от съмнения.

Nun blickte er auf den Schlitten und das zehnköpfige Hundegespann daneben.

Сега той погледна шейната и впряга от десет кучета до нея.
Als ich die Realität der Aufgabe sah, erschien sie noch unmöglicher.
Виждането на реалността на задачата я правеше да изглежда още по-невъзможна.
Matthewson war in diesem Moment voller Stolz und Selbstvertrauen.
В този момент Матюсън беше изпълнен с гордост и увереност.
„Drei zu eins!", rief er. „Ich wette noch tausend, Thornton!"
„Три към едно!" – извика той. – „Залагам още хиляда, Торнтън!"
Was sagst du dazu?", fügte er laut genug hinzu, dass es alle hören konnten.
„Какво ще кажеш?" – добави той достатъчно силно, за да го чуят всички.
Thorntons Gesicht zeigte seine Zweifel, aber sein Geist war aufgeblüht.
Лицето на Торнтън издаваше съмненията му, но духът му се беше повдигнал.
Dieser Kampfgeist ignorierte alle Widrigkeiten und fürchtete sich überhaupt nicht.
Тозият боен дух пренебрегваше неблагоприятните обстоятелства и не се страхуваше от нищо.
Er forderte Hans und Pete auf, ihr gesamtes Bargeld auf den Tisch zu bringen.
Той се обади на Ханс и Пит, за да донесат всичките си пари на масата.
Ihnen blieb nicht mehr viel übrig – insgesamt nur zweihundert Dollar.
Беше им останало малко — само двеста долара общо.
Diese kleine Summe war ihr gesamtes Vermögen in schweren Zeiten.
Тази малка сума била цялото им богатство по време на трудни времена.

Dennoch setzten sie ihr gesamtes Vermögen auf Matthewsons Wette.

Въпреки това, те заложиха цялото си състояние срещу залога на Матюсън.

Das zehnköpfige Hundegespann wurde abgekoppelt und vom Schlitten wegbewegt.

Впрягът от десет кучета беше отвързан и се отдалечи от шейната.

Buck wurde in die Zügel genommen und trug sein vertrautes Geschirr.

Бък беше поставен на юздите, облечен в познатия си хамут.

Er hatte die Energie der Menge aufgefangen und die Spannung gespürt.

Той беше уловил енергията на тълпата и усети напрежението.

Irgendwie wusste er, dass er etwas für John Thornton tun musste.

Някак си знаеше, че трябва да направи нещо за Джон Торнтън.

Die Leute murmelten voller Bewunderung über die stolze Gestalt des Hundes.

Хората шепнеха с възхищение при вида на гордата фигура на кучето.

Er war schlank und stark und hatte kein einziges Gramm Fleisch zu viel.

Той беше слаб и силен, без нито един излишен грам плът.

Sein Gesamtgewicht von hundertfünfzig Pfund bestand nur aus Kraft und Ausdauer.

Пълното му тегло от сто и петдесет паунда се изразяваше само в сила и издръжливост.

Bucks Fell glänzte wie Seide und strotzte vor Gesundheit und Kraft.

Козината на Бък блестеше като коприна, гъста от здраве и сила.

Das Fell an seinem Hals und seinen Schultern schien sich aufzurichten und zu sträuben.

Козината по врата и раменете му сякаш се надигна и настръхна.
Seine Mähne bewegte sich leicht, jedes Haar war voller Energie.
Гривата му леко се помръдна, всеки косъм оживяваше от огромната му енергия.
Seine breite Brust und seine starken Beine passten zu seinem schweren, robusten Körperbau.
Широките му гърди и силните му крака подхождаха на тежката му, жилава фигура.
Unter seinem Mantel spannten sich Muskeln, straff und fest wie geschmiedetes Eisen.
Мускули набъбваха под палтото му, стегнати и твърди като оковани желязо.
Männer berührten ihn und schworen, er sei gebaut wie eine Stahlmaschine.
Мъжете го докосваха и се кълняха, че е сложен като стоманена машина.
Die Quoten sanken leicht auf zwei zu eins gegen den großen Hund.
Шансовете леко спаднаха до две към едно срещу голямото куче.
Ein Mann von den Skookum Benches drängte sich stotternd nach vorne.
Мъж от пейките на Скукум се придвижи напред, заеквайки.
„Gut, Sir! Ich biete achthundert für ihn – vor der Prüfung, Sir!"
„Добре, господине! Предлагам осемстотин за него... преди изпитанието, господине!"
„Achthundert, so wie er jetzt dasteht!", beharrte der Mann.
„Осемстотин, както е в момента!" – настоя мъжът.
Thornton trat vor, lächelte und schüttelte ruhig den Kopf.
Торнтън пристъпи напред, усмихна се и спокойно поклати глава.
Matthewson schritt schnell mit warnender Stimme und einem Stirnrunzeln ein.

Матюсън бързо се намеси с предупредителен глас и намръщено лице.
„Sie müssen Abstand von ihm halten", sagte er. „Geben Sie ihm Raum."
„Трябва да се отдръпнеш от него", каза той. „Дай му пространство."
Die Menge verstummte; nur die Spieler boten noch zwei zu eins.
Тълпата замълча; само комарджиите все още предлагаха две срещу едно.
Alle bewunderten Bucks Körperbau, aber die Last schien zu groß.
Всички се възхищаваха на телосложението на Бък, но товарът изглеждаше твърде голям.
Zwanzig Säcke Mehl – jeder fünfzig Pfund schwer – schienen viel zu viel.
Двадесет чувала брашно – всеки по петдесет паунда тежащ – изглеждаха твърде много.
Niemand war bereit, seinen Geldbeutel zu öffnen und sein Geld zu riskieren.
Никой не беше склонен да отвори кесията си и да рискува парите си.
Thornton kniete neben Buck und nahm seinen Kopf in beide Hände.
Торнтън коленичи до Бък и хвана главата му с две ръце.
Er drückte seine Wange an Bucks und sprach in sein Ohr.
Той притисна бузата си към тази на Бък и проговори в ухото му.
Es gab jetzt kein spielerisches Schütteln oder geflüsterte liebevolle Beleidigungen.
Сега нямаше игриво потупване или шепнещи любящи обиди.
Er murmelte nur leise: „So sehr du mich liebst, Buck."
Той само промърмори тихо: „Колкото и да ме обичаш, Бък."
Buck stieß ein leises Winseln aus, seine Begierde konnte er kaum zurückhalten.

Бък изхленчи тихо, едва сдържайки нетърпението си.
Die Zuschauer beobachteten neugierig, wie Spannung in der Luft lag.
Зрителите наблюдаваха с любопитство как напрежението изпълваше въздуха.
Der Moment fühlte sich fast unwirklich an, wie etwas jenseits der Vernunft.
Моментът се усещаше почти нереален, като нещо отвъд разумното.
Als Thornton aufstand, nahm Buck sanft seine Hand zwischen die Kiefer.
Когато Торнтън се изправи, Бък нежно хвана ръката му в челюстите си.
Er drückte mit den Zähnen nach unten und ließ dann langsam und sanft los.
Той натисна със зъби, след което бавно и нежно го пусна.
Es war eine stille Antwort der Liebe, nicht ausgesprochen, aber verstanden.
Това беше мълчалив отговор на любов, не изречен, а разбран.
Thornton trat weit von dem Hund zurück und gab das Signal.
Торнтън се отдръпна доста назад от кучето и даде знак.
„Jetzt, Buck", sagte er und Buck antwortete mit konzentrierter Ruhe.
— Хайде, Бък — каза той и Бък отговори съсредоточено спокойно.
Buck spannte die Leinen und lockerte sie dann um einige Zentimeter.
Бък стегна конците, след което ги разхлаби с няколко сантиметра.
Dies war die Methode, die er gelernt hatte; seine Art, den Schlitten zu zerbrechen.
Това беше методът, който беше научил; неговият начин да счупи шейната.
„Mensch!", rief Thornton mit scharfer Stimme in der schweren Stille.

„Ох!" – извика Торнтън, гласът му прониза тежката тишина.

Buck drehte sich nach rechts und stürzte sich mit seinem gesamten Gewicht nach vorn.

Бък се обърна надясно и се хвърли с цялата си тежест.

Das Spiel verschwand und Bucks gesamte Masse traf die straffen Leinen.

Хлабината изчезна и пълната маса на Бък се стовари върху стегнатите релси.

Der Schlitten zitterte und die Kufen machten ein knackendes, knisterndes Geräusch.

Шейната трепереше, а плъзгачите издаваха отчетлив пращен звук.

„Haw!", befahl Thornton und änderte erneut Bucks Richtung.

„Хау!" изкомандва Торнтън, като отново насочи Бък към другата посока.

Buck wiederholte die Bewegung und zog diesmal scharf nach links.

Бък повтори движението, този път дръпна рязко наляво.

Das Knacken des Schlittens wurde lauter, die Kufen knackten und verschoben sich.

Шейната пукаше по-силно, плъзгачите щракаха и се разместваха.

Die schwere Last rutschte leicht seitwärts über den gefrorenen Schnee.

Тежкият товар се плъзгаше леко настрани по замръзналия сняг.

Der Schlitten hatte sich aus der Umklammerung des eisigen Pfades gelöst!

Шейната се беше откъснала от хватката на заледената пътека!

Die Männer hielten den Atem an, ohne zu merken, dass sie nicht einmal atmeten.

Мъжете затаиха дъх, без да осъзнават, че дори не дишат.

„Jetzt ZIEHEN!", rief Thornton durch die eisige Stille.

„Сега, ДЪРПАЙ!" – извика Торнтън през замръзналата тишина.

Thorntons Befehl klang scharf wie ein Peitschenknall.
Командата на Торнтън прозвуча остро, като удар на камшик.

Buck stürzte sich mit einem heftigen und heftigen Ausfallschritt nach vorne.
Бък се хвърли напред с яростен и рязък скок.

Sein ganzer Körper war aufgrund der enormen Belastung angespannt und verkrampft.
Цялото му тяло се стегна и сгъна за огромното напрежение.

Unter seinem Fell spannten sich Muskeln wie lebendig werdende Schlangen.
Мускули се напъваха под козината му като оживяващи змии.

Seine breite Brust war tief, der Kopf nach vorne zum Schlitten gestreckt.
Големите му гърди бяха ниски, главата му — протегната напред към шейната.

Seine Pfoten bewegten sich blitzschnell und seine Krallen zerschnitten den gefrorenen Boden.
Лапите му се движеха като светкавица, ноктите му разрязваха замръзналата земя.

Er kämpfte um jeden Zentimeter Bodenhaftung und hinterließ tiefe Rillen.
Вдлъбнатините бяха дълбоки, докато той се бореше за всеки сантиметър сцепление.

Der Schlitten schaukelte, zitterte und begann eine langsame, unruhige Bewegung.
Шейната се залюля, затрепери и започна бавно, неспокойно движение.

Ein Fuß rutschte aus und ein Mann in der Menge stöhnte laut auf.
Единият крак се подхлъзна и мъж от тълпата изстена високо.

Dann machte der Schlitten mit einer ruckartigen, heftigen Bewegung einen Satz nach vorne.
Тогава шейната се хвърли напред с рязко, грубо движение.
Es hörte nicht wieder auf – noch einen halben Zoll ... einen Zoll ... zwei Zoll mehr.
Не спря отново — половин инч... инч... два инча повече.
Die Stöße wurden kleiner, als der Schlitten an Geschwindigkeit zunahm.
Трескитe отслабнаха, когато шейната започна да набира скорост.
Bald zog Buck mit sanfter, gleichmäßiger Rollkraft.
Скоро Бък дърпаше с плавна, равномерна, търкаляща се сила.
Die Männer schnappten nach Luft und erinnerten sich schließlich wieder daran zu atmen.
Мъжете ахнаха и най-накрая се сетиха да дишат отново.
Sie hatten nicht bemerkt, dass ihnen vor Ehrfurcht der Atem stockte.
Не бяха забелязали как дъхът им спря от страхопочитание.
Thornton rannte hinterher und rief kurze, fröhliche Befehle.
Торнтън тичаше отзад, викайки кратки, весели команди.
Vor uns lag ein Stapel Brennholz, der die Entfernung markierte.
Напред имаше купчина дърва за огрев, която отбелязваше разстоянието.
Als Buck sich dem Haufen näherte, wurde der Jubel immer lauter.
Докато Бък се приближаваше към купчината, виковете ставаха все по-силни и по-силни.
Der Jubel schwoll zu einem Brüllen an, als Buck den Endpunkt passierte.
Одобрителните викове прераснаха в рев, когато Бък подмина крайната точка.
Männer sprangen auf und schrien, sogar Matthewson grinste.

Мъжете подскачаха и викаха, дори Матюсън се усмихна широко.
Hüte flogen durch die Luft, Fäustlinge wurden gedankenlos und ziellos herumgeworfen.
Шапки летяха във въздуха, ръкавици бяха хвърляни безмислено и безцелно.
Männer packten einander und schüttelten sich die Hände, ohne zu wissen, wer es war.
Мъже се хванаха един друг и се ръкуваха, без да знаят на кого.
Die ganze Menge war in wilder, freudiger Stimmung.
Цялата тълпа бръмчеше в диво, радостно празненство.
Thornton fiel mit zitternden Händen neben Buck auf die Knie.
Торнтън падна на колене до Бък с треперещи ръце.
Er drückte seinen Kopf an Bucks und schüttelte ihn sanft hin und her.
Той притисна глава към тази на Бък и нежно го разтърси напред-назад.
Diejenigen, die näher kamen, hörten, wie er den Hund mit stiller Liebe verfluchte.
Тези, които се приближиха, го чуха да проклина кучето с тиха любов.
Er beschimpfte Buck lange – leise, herzlich und emotional.
Той дълго ругаеше Бък — тихо, топло, развълнувано.
„Gut, Sir! Gut, Sir!", rief der König der Skookum-Bank hastig.
„Добре, господине! Добре, господине!" — извика припряно кралят на пейката на Скукум.
„Ich gebe Ihnen tausend – nein, zwölfhundert – für diesen Hund, Sir!"
„Ще ви дам хиляда... не, хиляда и двеста... за това куче, господине!"
Thornton stand langsam auf, seine Augen glänzten vor Emotionen.
Торнтън бавно се изправи на крака, очите му блестяха от емоция.

Tränen strömten ihm ohne jede Scham über die Wangen.
Сълзи се стичаха открито по бузите му без никакъв срам.
„Sir", sagte er zum König der Skookum-Bank, ruhig und bestimmt
„Господине", каза той на краля на пейката в Скукум, спокойно и твърдо
„Nein, Sir. Sie können zur Hölle fahren, Sir. Das ist meine endgültige Antwort."
„Не, господине. Можете да вървите по дяволите, господине. Това е окончателният ми отговор."
Buck packte Thorntons Hand sanft mit seinen starken Kiefern.
Бък нежно сграбчи ръката на Торнтън в силните си челюсти.
Thornton schüttelte ihn spielerisch, ihre Bindung war so tief wie eh und je.
Торнтън го разтърси игриво, връзката им беше дълбока както винаги.
Die Menge, bewegt von diesem Moment, trat schweigend zurück.
Тълпата, развълнувана от момента, отстъпи мълчаливо назад.
Von da an wagte es niemand mehr, diese heilige Zuneigung zu unterbrechen.
Оттогава нататък никой не смееше да прекъсва тази свещена обич.

Der Klang des Rufs
Звукът на обаждането

Buck hatte in fünf Minuten Sechzehnhundert Dollar verdient.
Бък беше спечелил хиляда и шестстотин долара за пет минути.
Mit dem Geld konnte John Thornton einen Teil seiner Schulden begleichen.
Парите позволиха на Джон Торнтън да изплати част от дълговете си.
Mit dem restlichen Geld machte er sich mit seinen Partnern auf den Weg nach Osten.
С останалите пари той се отправи на изток с партньорите си.
Sie suchten nach einer sagenumwobenen verlorenen Mine, die so alt ist wie das Land selbst.
Те търсеха легендарна изгубена мина, стара колкото самата страна.
Viele Männer hatten nach der Mine gesucht, aber nur wenige hatten sie je gefunden.
Много мъже бяха търсили мината, но малцина я бяха намерили.
Während der gefährlichen Suche waren nicht wenige Männer verschwunden.
Неколцина мъже бяха изчезнали по време на опасното търсене.
Diese verlorene Mine war sowohl in Geheimnisse als auch in eine alte Tragödie gehüllt.
Тази изгубена мина беше обвита едновременно в мистерия и стара трагедия.
Niemand wusste, wer der erste Mann war, der die Mine entdeckt hatte.
Никой не знаеше кой е бил първият човек, открил мината.
In den ältesten Geschichten wird niemand namentlich erwähnt.
В най-старите истории не се споменава никого по име.

Dort hatte immer eine alte, baufällige Hütte gestanden.
Там винаги е имало една стара, порутена колиба.
Sterbende Männer hatten geschworen, dass sich neben dieser alten Hütte eine Mine befand.
Умиращите мъже се бяха кълнали, че до онази стара хижа има мина.
Sie bewiesen ihre Geschichten mit Gold, wie es nirgendwo sonst zu finden ist.
Те доказаха историите си със злато, каквото не се намира никъде другаде.
Keine lebende Seele hatte den Schatz von diesem Ort jemals geplündert.
Никоя жива душа никога не беше ограбвала съкровището от това място.
Die Toten waren tot, und Tote erzählen keine Geschichten.
Мъртвите бяха мъртви, а мъртвите не разказват истории.
Also machten sich Thornton und seine Freunde auf den Weg in den Osten.
И така, Торнтън и приятелите му се отправили на изток.
Pete und Hans kamen mit Buck und sechs starken Hunden.
Пит и Ханс се присъединиха, като доведоха Бък и шест силни кучета.
Sie begaben sich auf einen unbekannten Weg, an dem andere gescheitert waren.
Те тръгнаха по непозната пътека, където други се бяха провалили.
Sie rodelten siebzig Meilen den zugefrorenen Yukon River hinauf.
Те се спускаха с шейни седемдесет мили нагоре по замръзналата река Юкон.
Sie bogen links ab und folgten dem Pfad bis zum Stewart.
Те завиха наляво и последваха пътеката към река Стюарт.
Sie passierten Mayo und McQuestion und drängten weiter.
Те подминаха „Майо" и „Маккуешън" и продължиха напред.
Der Stewart schrumpfte zu einem Strom, der sich durch zerklüftete Gipfel schlängelte.

Стюарт се сви в поток, пронизващ назъбени върхове.
Diese scharfen Gipfel markierten das Rückgrat des Kontinents.
Тези остри върхове маркираха самия гръбнак на континента.
John Thornton verlangte wenig von den Menschen oder der Wildnis.
Джон Торнтън не изискваше много от хората или от дивата земя.
Er fürchtete nichts in der Natur und begegnete der Wildnis mit Leichtigkeit.
Той не се страхуваше от нищо в природата и се изправяше пред дивото с лекота.
Nur mit Salz und einem Gewehr konnte er reisen, wohin er wollte.
Само със сол и пушка, той можеше да пътува където пожелае.
Wie die Eingeborenen jagte er auf seiner Reise nach Nahrung.
Подобно на местните жители, той ловувал храна, докато пътувал.
Wenn er nichts fing, machte er weiter und vertraute auf sein Glück.
Ако не хванеше нищо, той продължаваше, уповавайки се на късмета си.
Auf dieser langen Reise war Fleisch die Hauptnahrungsquelle.
По време на това дълго пътуване месото беше основното нещо, което ядяха.
Der Schlitten enthielt Werkzeuge und Munition, jedoch keinen strengen Zeitplan.
Шейната съдържаше инструменти и боеприпаси, но нямаше строг график.
Buck liebte dieses Herumwandern, die endlose Jagd und das Fischen.
Бък обичаше това скитане; безкрайния лов и риболов.
Wochenlang waren sie Tag für Tag unterwegs.

Седмици наред те пътуваха ден след ден.
Manchmal schlugen sie Lager auf und blieben wochenlang dort.
Друг път те правеха лагери и оставаха неподвижни седмици наред.
Die Hunde ruhten sich aus, während die Männer im gefrorenen Dreck gruben.
Кучетата си почиваха, докато мъжете копаеха през замръзналата пръст.
Sie erwärmten Pfannen über dem Feuer und suchten nach verborgenem Gold.
Те затопляха тигани на огън и търсеха скрито злато.
An manchen Tagen hungerten sie, an anderen feierten sie Feste.
Някои дни гладуваха, а други дни имаха празненства.
Ihre Mahlzeiten hingen vom Wild und vom Jagdglück ab.
Храната им зависеше от дивеча и късмета при лов.
Als der Sommer kam, trugen Männer und Hunde schwere Lasten auf ihren Rücken.
Когато дойде лятото, мъжете и кучетата натовариха товари на гърба си.
Sie fuhren mit dem Floß über blaue Seen, die in Bergwäldern versteckt waren.
Те са спускали с рафтове през сини езера, скрити в планинските гори.
Sie segelten in schmalen Booten auf Flüssen, die noch nie von Menschen kartiert worden waren.
Те плаваха с тънки лодки по реки, които никой човек никога не беше картографирал.
Diese Boote wurden aus Bäumen gebaut, die sie in der Wildnis gesägt haben.
Тези лодки са били построени от дървета, които са отрязали в дивата природа.

Die Monate vergingen und sie schlängelten sich durch die wilden, unbekannten Länder.

Месеците минаваха и те се виеха през дивите непознати земи.
Es waren keine Männer dort, doch alte Spuren deuteten darauf hin, dass Männer dort gewesen waren.
Нямаше мъже там, но стари следи подсказваха, че е имало хора.
Wenn die verlorene Hütte echt war, dann waren einst andere hier entlang gekommen.
Ако Изгубената колиба беше истинска, значи и други някога са минали оттук.
Sie überquerten hohe Pässe bei Schneestürmen, sogar im Sommer.
Те прекосяваха високи проходи във виелици, дори през лятото.
Sie zitterten unter der Mitternachtssonne auf kahlen Berghängen.
Те трепереха под полунощното слънце по голите планински склонове.
Zwischen der Baumgrenze und den Schneefeldern stiegen sie langsam auf.
Между горската линия и снежните полета те се изкачваха бавно.
In warmen Tälern schlugen sie nach Schwärmen aus Mücken und Fliegen.
В топлите долини те гонеха облаци от комари и мухи.
Sie pflückten süße Beeren in der Nähe von Gletschern in voller Sommerblüte.
Те браха сладки плодове близо до ледниците в разцвет през лятото.
Die Blumen, die sie fanden, waren genauso schön wie die im Süden.
Цветята, които откриха, бяха също толкова прекрасни, колкото тези в Южната земя.
Im Herbst erreichten sie eine einsame Region voller stiller Seen.
През есента те стигнаха до уединен район, пълен с тихи езера.

Das Land war traurig und leer, einst voller Vögel und Tiere.
Земята беше тъжна и пуста, някога пълна с птици и зверове.
Jetzt gab es kein Leben mehr, nur noch den Wind und das Eis, das sich in Pfützen bildete.
Сега нямаше живот, само вятърът и ледът, образуващ се в локви.
Mit einem sanften, traurigen Geräusch schlugen die Wellen gegen die leeren Ufer.
Вълните се плискаха в празни брегове с мек, тъжен звук.

Ein weiterer Winter kam und sie folgten erneut schwachen, alten Spuren.
Дойде още една зима и те отново следваха бледи, стари следи.
Dies waren die Spuren von Männern, die schon lange vor ihnen gesucht hatten.
Това бяха следите на мъже, които са търсили много преди тях.
Einmal fanden sie einen Pfad, der tief in den dunklen Wald hineinreichte.
Веднъж намериха пътека, издълбана дълбоко в тъмната гора.
Es war ein alter Pfad und sie hatten das Gefühl, dass die verlorene Hütte ganz in der Nähe war.
Беше стара пътека и те чувстваха, че изгубената хижа е близо.
Doch die Spur führte nirgendwo hin und verlor sich im dichten Wald.
Но пътеката не водеше никъде и се губеше в гъстата гора.
Wer auch immer die Spur angelegt hat und warum, das wusste niemand.
Който и да е проправил пътеката и защо я е проправил, никой не знаеше.
Später fanden sie das Wrack einer Hütte, versteckt zwischen den Bäumen.

По-късно те откриха останките от хижа, скрита сред дърветата.
Verrottende Decken lagen verstreut dort, wo einst jemand geschlafen hatte.
Там, където някога е спал някой, бяха разпръснати гниещи одеяла.
John Thornton fand darin ein Steinschlossgewehr mit langem Lauf.
Джон Торнтън намери заровена вътре кремъчна пушка с дълга цев.
Er wusste, dass es sich um eine Waffe von Hudson Bay aus den frühen Handelstagen handelte.
Той знаеше, че това е оръдие от залива Хъдсън още от ранните дни на търговията.
Damals wurden solche Gewehre gegen Stapel von Biberfellen eingetauscht.
В онези дни такива оръжия се разменяха за купчини боброви кожи.
Das war alles – von dem Mann, der die Hütte gebaut hatte, gab es keine Spur mehr.
Това беше всичко — не остана никаква следа от човека, който е построил хижата.

Der Frühling kam wieder und sie fanden keine Spur von der verlorenen Hütte.
Пролетта дойде отново и те не намериха никаква следа от Изгубената колиба.
Stattdessen fanden sie ein breites Tal mit einem seichten Bach.
Вместо това те откриха широка долина с плитък поток.
Gold lag wie glatte, gelbe Butter auf dem Pfannenboden.
Златото лежеше по дъното на тиганите като гладко, жълто масло.
Sie hielten dort an und suchten nicht weiter nach der Hütte.
Те спряха там и не търсеха повече хижата.
Jeden Tag arbeiteten sie und fanden Tausende in Goldstaub.
Всеки ден те работеха и откриваха хиляди в златен прах.

Sie packten das Gold in Säcke aus Elchhaut, jeder Fünfzig Pfund schwer.
Те опаковаха златото в чували от лосова кожа, всеки по петдесет паунда.

Die Säcke waren wie Brennholz vor ihrer kleinen Hütte gestapelt.
Чувалите бяха струпани като дърва за огрев пред малката им хижа.

Sie arbeiteten wie Giganten und die Tage vergingen wie im Flug.
Те работеха като гиганти, а дните минаваха като бързи сънища.

Sie häuften Schätze an, während die endlosen Tage schnell vorbeizogen.
Те трупаха съкровища, докато безкрайните дни се търкаляха бързо.

Außer ab und zu Fleisch zu schleppen, gab es für die Hunde nicht viel zu tun.
Кучетата нямаха много какво да правят, освен да мъкнат месо от време на време.

Thornton jagte und tötete das Wild, und Buck lag am Feuer.
Торнтън ловуваше и убиваше дивеча, а Бък лежеше край огъня.

Er verbrachte viele Stunden schweigend, versunken in Gedanken und Erinnerungen.
Той прекарваше дълги часове в мълчание, потънал в мисли и спомени.

Das Bild des haarigen Mannes kam Buck immer häufiger in den Sinn.
Образът на косматия мъж все по-често се появяваше в съзнанието на Бък.

Jetzt, wo es kaum noch Arbeit gab, träumte Buck, während er ins Feuer blinzelte.
Сега, когато работата беше оскъдна, Бък замечта, докато примигваше към огъня.

In diesen Träumen wanderte Buck mit dem Mann in eine andere Welt.

В тези сънища Бък се скиташе с мъжа в друг свят.
Angst schien das stärkste Gefühl in dieser fernen Welt zu sein.
Страхът изглеждаше най-силното чувство в този далечен свят.
Buck sah, wie der haarige Mann mit gesenktem Kopf schlief.
Бък видя как косматият мъж спи с ниско наведена глава.
Seine Hände waren gefaltet und sein Schlaf war unruhig und unterbrochen.
Ръцете му бяха стиснати, а сънят му беше неспокоен и накъсан.
Er wachte immer ruckartig auf und starrte ängstlich in die Dunkelheit.
Той се събуждаше стряскащо и се взираше уплашено в тъмнината.
Dann warf er mehr Holz ins Feuer, um die Flamme hell zu halten.
След това хвърляше още дърва в огъня, за да поддържа пламъка ярък.
Manchmal spazierten sie an einem Strand entlang, der an einem grauen, endlosen Meer entlangführte.
Понякога се разхождаха по плажа край сиво, безкрайно море.
Der haarige Mann sammelte Schalentiere und aß sie im Gehen.
Косматият мъж браше миди и ги ядеше, докато вървеше.
Seine Augen suchten immer nach verborgenen Gefahren in den Schatten.
Очите му винаги търсеха скрити опасности в сенките.
Seine Beine waren immer bereit, beim ersten Anzeichen einer Bedrohung loszusprinten.
Краката му винаги бяха готови да спринтират при първия знак за заплаха.
Sie schlichen still und vorsichtig Seite an Seite durch den Wald.

Те се промъкваха през гората, мълчаливи и предпазливи, един до друг.
Buck folgte ihm auf den Fersen und beide blieben wachsam.
Бък го следваше по петите и двамата бяха нащрек.
Ihre Ohren zuckten und bewegten sich, ihre Nasen schnüffelten in der Luft.
Ушите им потрепваха и се движеха, носовете им подушваха въздуха.
Der Mann konnte den Wald genauso gut hören und riechen wie Buck.
Мъжът можеше да чува и подушва гората толкова остро, колкото и Бък.
Der haarige Mann schwang sich mit plötzlicher Geschwindigkeit durch die Bäume.
Косматият мъж се залюля през дърветата с внезапна скорост.
Er sprang von Ast zu Ast, ohne jemals den Halt zu verlieren.
Той скачаше от клон на клон, без никога да пропуска хватката си.
Er bewegte sich über dem Boden genauso schnell wie auf ihm.
Той се движеше толкова бързо над земята, колкото и по нея.
Buck erinnerte sich an lange Nächte, in denen er unter den Bäumen Wache hielt.
Бък си спомни дългите нощи под дърветата, докато беше нащрек.
Der Mann schlief auf seiner Stange in den Zweigen und klammerte sich fest.
Мъжът спеше свит в клоните, здраво прилепнал към тях.
Diese Vision des haarigen Mannes war eng mit dem tiefen Ruf verbunden.
Това видение на косматия мъж беше тясно свързано с дълбокия зов.
Der Ruf klang noch immer mit eindringlicher Kraft durch den Wald.
Зовът все още отекваше през гората с пронизителна сила.

Der Anruf erfüllte Buck mit Sehnsucht und einem rastlosen Gefühl der Freude.
Зовът изпълни Бък с копнеж и неспокойно чувство на радост.
Er spürte seltsame Triebe und Regungen, die er nicht benennen konnte.
Той усещаше странни импулси и вълнения, които не можеше да назове.
Manchmal folgte er dem Ruf tief in die Stille des Waldes.
Понякога той следваше зова дълбоко в тихата гора.
Er suchte nach dem Ruf und bellte dabei leise oder scharf.
Той търсеше зова, лаейки тихо или остро, докато се движеше.
Er roch am Moos und der schwarzen Erde, wo die Gräser wuchsen.
Той подуши мъха и черната почва, където растяха тревите.
Er schnaubte entzückt über den reichen Geruch der tiefen Erde.
Той изсумтя от удоволствие от богатите миризми на дълбоката земя.
Er hockte stundenlang hinter pilzbefallenen Baumstämmen.
Той се е свивал с часове зад стволове, покрити с гъбички.
Er blieb still und lauschte mit großen Augen jedem noch so kleinen Geräusch.
Той стоеше неподвижно, слушайки с широко отворени очи всеки малък звук.
Vielleicht hoffte er, das Wesen, das den Ruf auslöste, zu überraschen.
Може би се е надявал да изненада нещото, което е дало обаждането.
Er wusste nicht, warum er so handelte – er tat es einfach.
Той не знаеше защо се държи по този начин — просто го правеше.
Die Triebe kamen aus der Tiefe, jenseits von Denken und Vernunft.
Поривите идваха дълбоко отвътре, отвъд мисълта или разума.

Unwiderstehliche Triebe überkamen Buck ohne Vorwarnung oder Grund.
Неустоими импулси обзеха Бък без предупреждение или причина.
Manchmal döste er träge im Lager in der Mittagshitze.
Понякога той дремеше лениво в лагера под обедната жега.
Plötzlich hob er den Kopf und stellte aufmerksam die Ohren auf.
Внезапно главата му се вдигна и ушите му наостриха глави.
Dann sprang er auf und stürmte ohne Pause in die Wildnis.
После скочи и се втурна в дивата природа без да се спира.
Er rannte stundenlang durch Waldwege und offene Flächen.
Той тичаше с часове по горски пътеки и открити пространства.
Er liebte es, trockenen Bachläufen zu folgen und Vögel in den Bäumen zu beobachten.
Той обичаше да следва пресъхналите корита на потоците и да наблюдава птиците по дърветата.
Er könnte den ganzen Tag versteckt liegen und den Rebhühnern beim Herumstolzieren zusehen.
Можеше да лежи скрит по цял ден, гледайки как яребици се разхождат наоколо.
Sie trommelten und marschierten, ohne Bucks Anwesenheit zu bemerken.
Те биеха барабани и маршируваха, без да осъзнават все още присъствието на Бък.
Doch am meisten liebte er das Laufen in der Sommerdämmerung.
Но това, което най-много обичаше, беше да тича по здрач през лятото.
Das schwache Licht und die schläfrigen Waldgeräusche erfüllten ihn mit Freude.
Приглушената светлина и сънливите горски звуци го изпълваха с радост.
Er las die Zeichen des Waldes so deutlich, wie ein Mann ein Buch liest.

Той четеше горските знаци толкова ясно, колкото човек чете книга.
Und er suchte immer nach dem seltsamen Ding, das ihn rief.
И той винаги търсеше странното нещо, което го зовеше.
Dieser Ruf hörte nie auf – er erreichte ihn im Wachzustand und im Schlaf.
Това зовене никога не спираше – достигаше до него, независимо дали е буден или спящ.

Eines Nachts erwachte er mit einem Ruck, die Augen waren scharf und die Ohren gespitzt.
Една нощ той се събуди стряскащо, с остър поглед и наострени уши.
Seine Nasenlöcher zuckten, während seine Mähne in Wellen sträubte.
Ноздрите му потрепнаха, докато гривата му настръхна на вълни.
Aus der Tiefe des Waldes ertönte erneut der alte Ruf.
От дълбините на гората отново се чу звукът, старият зов.
Diesmal war der Ton klar und deutlich zu hören, ein langes, eindringliches, vertrautes Heulen.
Този път звукът прозвуча ясно, дълъг, пронизващ, познат вой.
Es klang wie der Schrei eines Huskys, aber mit einem seltsamen und wilden Ton.
Беше като вик на хъски, но странен и див по тон.
Buck erkannte das Geräusch sofort – er hatte das genaue Geräusch vor langer Zeit gehört.
Бък разпозна звука веднага — беше чул точно този звук отдавна.
Er sprang durch das Lager und verschwand schnell im Wald.
Той прескочи лагера и бързо изчезна в гората.
Als er sich dem Geräusch näherte, wurde er langsamer und bewegte sich vorsichtig.
Докато се приближаваше към звука, той забави ход и се движеше внимателно.
Bald erreichte er eine Lichtung zwischen dichten Kiefern.

Скоро стигна до поляна между гъсти борови дървета.
Dort saß aufrecht auf seinen Hinterbeinen ein großer, schlanker Timberwolf.
Там, изправен на задните си крака, седеше висок, слаб горски вълк.
Die Nase des Wolfes zeigte zum Himmel und hallte noch immer den Ruf wider.
Носът на вълка сочеше към небето, все още повтаряйки зова.
Buck hatte keinen Laut von sich gegeben, doch der Wolf blieb stehen und lauschte.
Бък не издаде и звук, но вълкът спря и се ослуша.
Der Wolf spürte etwas, spannte sich an und suchte die Dunkelheit ab.
Усещайки нещо, вълкът се напрегна, оглеждайки тъмнината.
Buck schlich ins Blickfeld, mit gebeugtem Körper und ruhigen Füßen auf dem Boden.
Бък се промъкна в полезрението, с приведено тяло и спокойно стъпили крака на земята.
Sein Schwanz war gerade, sein Körper vor Anspannung zusammengerollt.
Опашката му беше права, тялото му свито от напрежение.
Er zeigte sowohl eine bedrohliche als auch eine Art raue Freundschaft.
Той показваше едновременно заплаха и един вид грубо приятелство.
Es war die vorsichtige Begrüßung, die wilde Tiere einander entgegenbrachten.
Това беше предпазливият поздрав, споделян от дивите зверове.
Aber der Wolf drehte sich um und floh, sobald er Buck sah.
Но вълкът се обърна и избяга веднага щом видя Бък.
Buck nahm die Verfolgung auf und sprang wild um sich, begierig darauf, es einzuholen.
Бък го преследваше, скачайки диво, нетърпелив да го настигне.

Er folgte dem Wolf in einen trockenen Bach, der durch einen Holzstau blockiert war.

Той последва вълка в пресъхнал поток, блокиран от дървена преграда.

In die Enge getrieben, wirbelte der Wolf herum und blieb stehen.

Притиснат в ъгъла, вълкът се обърна и застана на мястото си.

Der Wolf knurrte und schnappte wie ein gefangener Husky im Kampf.

Вълкът изръмжа и щракна като хванато в капан хъски по време на бой.

Die Zähne des Wolfes klickten schnell, sein Körper strotzte vor wilder Wut.

Зъбите на вълка щракаха бързо, тялото му ежвееше от дива ярост.

Buck griff nicht an, sondern umkreiste den Wolf mit vorsichtiger Freundlichkeit.

Бък не атакува, а обиколи вълка с внимателна дружелюбност.

Durch langsame, harmlose Bewegungen versuchte er, seine Flucht zu verhindern.

Той се опита да блокира бягството си с бавни, безобидни движения.

Der Wolf war vorsichtig und verängstigt – Buck war dreimal so schwer wie er.

Вълкът беше предпазлив и уплашен — Бък го надделяваше три пъти.

Der Kopf des Wolfes reichte kaum bis zu Bucks massiver Schulter.

Главата на вълка едва стигаше до масивното рамо на Бък.

Der Wolf hielt Ausschau nach einer Lücke, rannte los und die Jagd begann von neuem.

В очакване на пролука, вълкът побягна и преследването започна отново.

Buck drängte ihn mehrere Male in die Enge und der Tanz wiederholte sich.

Няколко пъти Бък го притисна в ъгъла и танцът се повтори.
Der Wolf war dünn und schwach, sonst hätte Buck ihn nicht fangen können.
Вълкът беше слаб и слаб, иначе Бък не би могъл да го хване.
Jedes Mal, wenn Buck näher kam, wirbelte der Wolf herum und sah ihn voller Angst an.
Всеки път, когато Бък се приближаваше, вълкът се обръщаше и се изправяше срещу него уплашено.
Dann rannte er bei der ersten Gelegenheit erneut in den Wald.
Тогава при първа възможност той отново се втурна в гората.
Aber Buck gab nicht auf und schließlich fasste der Wolf Vertrauen zu ihm.
Но Бък не се отказал и най-накрая вълкът започнал да му се доверява.
Er schnüffelte an Bucks Nase und die beiden wurden verspielt und aufmerksam.
Той подуши носа на Бък и двамата станаха игриви и бдителни.
Sie spielten wie wilde Tiere, wild und doch schüchtern in ihrer Freude.
Те играеха като диви животни, свирепи, но и плахи в радостта си.
Nach einer Weile trabte der Wolf zielstrebig und ruhig davon.
След известно време вълкът се отдалечи спокойно и целеустремено.
Er machte Buck deutlich, dass er beabsichtigte, verfolgt zu werden.
Той ясно показа на Бък, че възнамерява да бъде последван.
Sie rannten Seite an Seite durch die Dämmerung.
Те тичаха един до друг през сумрака.
Sie folgten dem Bachbett hinauf in die felsige Schlucht.

Те следваха коритото на потока нагоре в скалистия пролом.
Sie überquerten eine kalte Wasserscheide, wo der Bach entsprungen war.
Те прекосиха студен вододел, откъдето потокът беше започнал.
Am gegenüberliegenden Hang fanden sie ausgedehnte Wälder und viele Bäche.
На далечния склон откриха широка гора и много потоци.
Durch dieses weite Land rannten sie stundenlang ohne Pause.
През тази необятна земя те тичаха с часове без да спират.
Die Sonne stieg höher, die Luft wurde wärmer, aber sie rannten weiter.
Слънцето се издигна по-високо, въздухът се затопли, но те продължиха да тичат.
Buck war voller Freude – er wusste, dass er seiner Berufung folgte.
Бък беше изпълнен с радост — знаеше, че отговаря на зова си.
Er rannte neben seinem Waldbruder her, näher an die Quelle des Rufs.
Той тичаше до горския си брат, по-близо до източника на зова.
Alte Gefühle kehrten zurück, stark und schwer zu ignorieren.
Старите чувства се завърнаха, силни и трудни за игнориране.
Dies waren die Wahrheiten hinter den Erinnerungen aus seinen Träumen.
Това бяха истините зад спомените от сънищата му.
All dies hatte er schon einmal in einer fernen, schattenhaften Welt getan.
Беше правил всичко това и преди в един далечен и сенчест свят.
Jetzt tat er es wieder und rannte wild herum, während der Himmel über ihm frei war.

Сега той направи това отново, тичайки лудо сред откритото небе над него.

Sie hielten an einem Bach an, um aus dem kalten, fließenden Wasser zu trinken.

Те спряха до един поток, за да пият от студената течаща вода.

Während er trank, erinnerte sich Buck plötzlich an John Thornton.

Докато пиеше, Бък внезапно си спомни за Джон Торнтън.

Er saß schweigend da, hin- und hergerissen zwischen der Anziehungskraft der Loyalität und der Berufung.

Той седна мълчаливо, разкъсван от влечението на лоялността и призванието.

Der Wolf trabte weiter, kam aber zurück, um Buck anzutreiben.

Вълкът продължи да тича, но се върна, за да подкара Бък напред.

Er rümpfte die Nase und versuchte, ihn mit sanften Gesten zu beruhigen.

Той подуши носа си и се опита да го примами с нежни жестове.

Aber Buck drehte sich um und machte sich auf den Rückweg.

Но Бък се обърна и тръгна обратно по пътя, по който беше дошъл.

Der Wolf lief lange Zeit neben ihm her und winselte leise.

Вълкът тичаше до него дълго време, тихо скимтейки.

Dann setzte er sich hin, hob die Nase und stieß ein langes Heulen aus.

После седна, вдигна нос и издаде дълъг вой.

Es war ein trauriger Schrei, der leiser wurde, als Buck wegging.

Това беше тъжен вик, който отслабна, когато Бък се отдалечи.

Buck lauschte, als der Schrei langsam in der Stille des Waldes verklang.

Бък слушаше как звукът на вика бавно заглъхва в горската тишина.

John Thornton aß gerade zu Abend, als Buck ins Lager stürmte.

Джон Торнтън вечеряше, когато Бък нахлу в лагера.

Buck sprang wild auf ihn zu, leckte, biss und warf ihn um.

Бък скочи диво върху него, облизвайки го, хапейки го и го събаряйки.

Er warf ihn um, kletterte darauf und küsste sein Gesicht.

Той го събори, покатери се отгоре и го целуна по лицето.

Thornton nannte dies liebevoll „den allgemeinen Narren spielen".

Торнтън с обич нарече това „игра на обикновен глупак".

Die ganze Zeit verfluchte er Buck sanft und schüttelte ihn hin und her.

През цялото време той нежно ругаеше Бък и го разтърсваше напред-назад.

Zwei ganze Tage und Nächte lang verließ Buck das Lager kein einziges Mal.

В продължение на цели два дни и нощи Бък нито веднъж не напусна лагера.

Er blieb in Thorntons Nähe und ließ ihn nie aus den Augen.

Той държеше близо до Торнтън и никога не го изпускаше от поглед.

Er folgte ihm bei der Arbeit und beobachtete ihn beim Essen.

Той го следваше, докато работеше, и го наблюдаваше, докато ядеше.

Er begleitete Thornton abends in seine Decken und jeden Morgen wieder heraus.

Той виждаше Торнтън да се завива с одеялата вечер и да излиза всяка сутрин.

Doch bald kehrte der Ruf des Waldes zurück, lauter als je zuvor.

Но скоро горският зов се завърна, по-силен от всякога.

Buck wurde wieder unruhig, aufgewühlt von Gedanken an den wilden Wolf.

Бък отново се разтревожи, развълнуван от мислите за дивия вълк.
Er erinnerte sich an das offene Land und daran, wie sie Seite an Seite gelaufen waren.
Той си спомни откритата земя и бягането един до друг.
Er begann erneut, allein und wachsam in den Wald zu wandern.
Той отново започна да се скита из гората, сам и нащрек.
Aber der wilde Bruder kam nicht zurück und das Heulen war nicht zu hören.
Но дивият брат не се върна и воят не се чу.
Buck begann, draußen zu schlafen und blieb tagelang weg.
Бък започна да спи навън, като стоеше далеч с дни.
Einmal überquerte er die hohe Wasserscheide, wo der Bach entsprungen war.
Веднъж той прекоси високия вододел, където беше започнал потокът.
Er betrat das Land des dunklen Waldes und der breiten, fließenden Ströme.
Той навлезе в земята на тъмни гори и широко течащи потоци.
Eine Woche lang streifte er umher und suchte nach Spuren seines wilden Bruders.
В продължение на седмица той се скиташе, търсейки следи от дивия си брат.
Er tötete sein eigenes Fleisch und reiste mit langen, unermüdlichen Schritten.
Той сам си убиваше месото и пътуваше с дълги, неуморни крачки.
Er fischte in einem breiten Fluss, der bis ins Meer reichte, nach Lachs.
Той ловил сьомга в широка река, която стигала до морето.
Dort kämpfte er gegen einen von Insekten verrückt gewordenen Schwarzbären und tötete ihn.
Там той се би и уби черна мечка, подлудена от буболечки.
Der Bär war beim Angeln und rannte blind durch die Bäume.

Мечката лови риба и тичаше на сляпо през дърветата.
Der Kampf war erbittert und weckte Bucks tiefen Kampfgeist.
Битката беше ожесточена, събуждайки дълбокия боен дух на Бък.
Als Buck zwei Tage später zurückkam, fand er Vielfraße an seiner Beute vor.
Два дни по-късно Бък се завърнал и открил върколаци на мястото на убийството си.
Ein Dutzend von ihnen stritten sich lautstark und wütend um das Fleisch.
Дузина от тях се караха шумно и яростно за месото.
Buck griff an und zerstreute sie wie Blätter im Wind.
Бък се нахвърли върху тях и ги разпръсна като листа на вятъра.
Zwei Wölfe blieben zurück – still, leblos und für immer regungslos.
Два вълка останаха назад — мълчаливи, безжизнени и неподвижни завинаги.
Der Blutdurst wurde stärker denn je.
Жаждата за кръв стана по-силна от всякога.
Buck war ein Jäger, ein Killer, der sich von Lebewesen ernährte.
Бък беше ловец, убиец, хранещ се с живи същества.
Er überlebte allein und verließ sich auf seine Kraft und seine scharfen Sinne.
Той оцеля сам, разчитайки на силата и острите си сетива.
Er gedieh in der Wildnis, wo nur die Zähesten überleben konnten.
Той процъфтяваше в дивата природа, където само най-издръжливите можеха да живеят.
Daraus erwuchs ein großer Stolz, der Bucks ganzes Wesen erfüllte.
От това се надигна голяма гордост и изпълни цялото същество на Бък.
Sein Stolz war in jedem seiner Schritte und in der Anspannung jedes einzelnen Muskels zu erkennen.

Гордостта му личеше във всяка негова стъпка, в пулсирането на всеки мускул.
Sein Stolz war so deutlich wie seine Sprache und spiegelte sich in seiner Haltung wider.
Гордостта му беше ясна като думите, личеше от начина, по който се държеше.
Sogar sein dickes Fell sah majestätischer aus und glänzte heller.
Дори дебелата му козина изглеждаше по-величествена и блестеше по-ярко.
Man hätte Buck mit einem riesigen Timberwolf verwechseln können.
Бък можеше да бъде сбъркан с гигантски горски вълк.
Außer dem Braun an seiner Schnauze und den Flecken über seinen Augen.
С изключение на кафявото по муцуната и петната над очите.
Und der weiße Fellstreifen, der mitten auf seiner Brust verlief.
И бялата ивица козина, която се спускаше по средата на гърдите му.
Er war sogar größer als der größte Wolf dieser wilden Rasse.
Той беше дори по-едър от най-големия вълк от тази свирепа порода.
Sein Vater, ein Bernhardiner, verlieh ihm Größe und einen schweren Körperbau.
Баща му, санбернар, му е дал ръст и тежка фигура.
Seine Mutter, eine Schäferin, formte diesen Körper zu einer wolfsähnlichen Gestalt.
Майка му, овчарка, оформи това едро във форма на вълк.
Er hatte die lange Schnauze eines Wolfes, war allerdings schwerer und breiter.
Имаше дългата муцуна на вълк, макар и по-тежка и по-широка.
Sein Kopf war der eines Wolfes, aber von massiver, majestätischer Gestalt.

Главата му беше вълча, но изградена с масивен, величествен мащаб.
Bucks List war die List des Wolfes und der Wildnis.
Хитростта на Бък беше хитростта на вълка и на дивото.
Seine Intelligenz hat er sowohl vom Deutschen Schäferhund als auch vom Bernhardiner.
Интелигентността му идваше както от немската овчарка, така и от санбернар.
All dies und harte Erfahrungen machten ihn zu einer furchterregenden Kreatur.
Всичко това, плюс суровия опит, го превърна в страховито същество.
Er war so furchterregend wie jedes andere Tier, das in der Wildnis des Nordens umherstreifte.
Той беше толкова страховит, колкото всеки звяр, бродещ из северната дива природа.
Buck ernährte sich ausschließlich von Fleisch und erreichte den Höhepunkt seiner Kraft.
Живеейки само на месо, Бък достигна пълния пик на силата си.
Jede Faser seines Körpers strotzte vor Kraft und männlicher Stärke.
Той преливаше от сила и мъжка мощ във всяка своя фибра.
Als Thornton seinen Rücken streichelte, funkelten seine Haare vor Energie.
Когато Торнтън го погали по гърба, космите му заискриха от енергия.
Jedes Haar knisterte, aufgeladen durch die Berührung lebendigen Magnetismus.
Всеки косъм пращеше, зареден с докосването на жив магнетизъм.
Sein Körper und sein Gehirn waren auf die höchstmögliche Tonhöhe eingestellt.
Тялото и мозъкът му бяха настроени на възможно най-финия тон.

Jeder Nerv, jede Faser und jeder Muskel arbeitete in perfekter Harmonie.
Всеки нерв, влакно и мускул работеха в перфектна хармония.
Auf jedes Geräusch oder jeden Anblick, der eine Aktion erforderte, reagierte er sofort.
На всеки звук или гледка, изискващи действие, той реагираше мигновено.
Wenn ein Husky zum Angriff ansetzte, konnte Buck doppelt so schnell springen.
Ако хъски скочи да атакува, Бък можеше да скочи два пъти по-бързо.
Er reagierte schneller, als andere es sehen oder hören konnten.
Той реагира по-бързо, отколкото другите можеха дори да видят или чуят.
Wahrnehmung, Entscheidung und Handlung erfolgten alle in einem fließenden Moment.
Възприятието, решението и действието се случиха в един плавен момент.
Tatsächlich geschahen diese Handlungen getrennt voneinander, aber zu schnell, um es zu bemerken.
Всъщност тези действия бяха отделни, но твърде бързи, за да бъдат забелязани.
Die Abstände zwischen diesen Akten waren so kurz, dass sie wie ein einziger Akt wirkten.
Толкова кратки бяха паузите между тези действия, че те изглеждаха като едно цяло.
Seine Muskeln und sein Körper waren wie straff gespannte Federn.
Мускулите и тялото му бяха като плътно навити пружини.
Sein Körper strotzte vor Leben, wild und freudig in seiner Kraft.
Тялото му кипеше от живот, диво и радостно в своята мощ.
Manchmal hatte er das Gefühl, als würde die Kraft völlig aus ihm herausbrechen.

Понякога имаше чувството, че силата ще избухне напълно от него.

„So einen Hund hat es noch nie gegeben", sagte Thornton eines ruhigen Tages.

„Никога не е имало такова куче", каза Торнтън един тих ден.

Die Partner sahen zu, wie Buck stolz aus dem Lager schritt.

Партньорите наблюдаваха как Бък гордо се отдалечава от лагера.

„Als er erschaffen wurde, veränderte er, was ein Hund sein kann", sagte Pete.

„Когато беше създаден, той промени това, което едно куче може да бъде", каза Пит.

„Bei Gott! Das glaube ich auch", stimmte Hans schnell zu.

— „За бога! И аз така мисля" — бързо се съгласи Ханс.

Sie sahen ihn abmarschieren, aber nicht die Veränderung, die danach kam.

Видяха го как си тръгва, но не и промяната, която последва.

Sobald er den Wald betrat, verwandelte sich Buck völlig.

Щом влезе в гората, Бък се преобрази напълно.

Er marschierte nicht mehr, sondern bewegte sich wie ein wilder Geist zwischen den Bäumen.

Той вече не маршируваше, а се движеше като див призрак сред дърветата.

Er wurde still, katzenpfotenartig, ein Flackern, das durch die Schatten huschte.

Той замълча, с котешки крака, като проблясък, преминаващ през сенки.

Er nutzte die Deckung geschickt und kroch wie eine Schlange auf dem Bauch.

Той използваше прикритието си умело, пълзейки по корем като змия.

Und wie eine Schlange konnte er lautlos nach vorne springen und zuschlagen.

И като змия, той можеше да скочи напред и да удари безшумно.

Er könnte ein Schneehuhn direkt aus seinem versteckten Nest stehlen.
Можеше да открадне яребица директно от скритото й гнездо.
Er tötete schlafende Kaninchen, ohne ein einziges Geräusch zu machen.
Той убиваше спящи зайци без нито един звук.
Er konnte Streifenhörnchen mitten in der Luft fangen, wenn sie zu langsam flohen.
Той можеше да хване бурундуци във въздуха, докато бягаха твърде бавно.
Selbst Fische in Teichen konnten seinen plötzlichen Angriffen nicht entkommen.
Дори рибите в локвите не можеха да избегнат внезапните му удари.
Nicht einmal schlaue Biber, die Dämme reparierten, waren vor ihm sicher.
Дори умните бобри, които поправяха язовири, не бяха в безопасност от него.
Er tötete, um Nahrung zu bekommen, nicht zum Spaß – aber seine eigene Beute gefiel ihm am besten.
Той убиваше за храна, не за забавление — но най-много обичаше собствените си жертви.
Dennoch war bei manchen seiner stillen Jagden ein hintergründiger Humor spürbar.
И все пак, през някои от мълчаливите му ловни занимания се прокрадваше лукава нотка на хумор.
Er schlich sich dicht an Eichhörnchen heran, ließ sie aber dann entkommen.
Той се промъкна близо до катерици, само за да ги остави да избягат.
Sie wollten in die Bäume fliehen und schnatterten voller Angst und Empörung.
Те щяха да избягат към дърветата, бърборейки от страховито възмущение.
Mit dem Herbst kamen immer mehr Elche.

С настъпването на есента, лосовете започнаха да се появяват в по-голям брой.
Sie zogen langsam in die tiefer gelegenen Täler, um dem Winter entgegenzukommen.
Те се придвижваха бавно в ниските долини, за да посрещнат зимата.
Buck hatte bereits ein junges, streunendes Kalb erlegt.
Бък вече беше уловил едно младо, бездомно теле.
Doch er sehnte sich danach, einer größeren, gefährlicheren Beute gegenüberzutreten.
Но той копнееше да се изправи пред по-голяма, по-опасна плячка.
Eines Tages fand er an der Wasserscheide, an der Quelle des Baches, seine Chance.
Един ден на вододела, при извора на потока, той намери своя шанс.
Eine Herde von zwanzig Elchen war aus bewaldeten Gebieten herübergekommen.
Стадо от двадесет лоса беше преминало от гористи местности.
Unter ihnen war ein mächtiger Stier, der Anführer der Gruppe.
Сред тях беше могъщ бик; водачът на групата.
Der Bulle war über ein Meter achtzig Meter groß und sah grimmig und wild aus.
Бикът беше висок над шест фута и изглеждаше свиреп и див.
Er warf sein breites Geweih hin und her, dessen vierzehn Enden sich nach außen verzweigten.
Той разпери широките си рога, четиринадесет върха разклоняващи се навън.
Die Spitzen dieser Geweihe hatten einen Durchmesser von sieben Fuß.
Върховете на тези рога се простираха на два метра ширина.
Seine kleinen Augen brannten vor Wut, als er Buck in der Nähe entdeckte.

Малките му очи пламнаха от ярост, когато забеляза Бък наблизо.
Er stieß ein wütendes Brüllen aus und zitterte vor Wut und Schmerz.
Той издаде яростен рев, треперейки от ярост и болка.
Nahe seiner Flanke ragte eine gefiederte und scharfe Pfeilspitze hervor.
Връх на стрела стърчеше близо до хълбока му, оперен и остър.
Diese Wunde trug dazu bei, seine wilde, verbitterte Stimmung zu erklären.
Тази рана помагаше да се обясни дивото му, огорчено настроение.
Buck, geleitet von seinem uralten Jagdinstinkt, machte seinen Zug.
Бък, воден от древен ловен инстинкт, направи своя ход.
Sein Ziel war es, den Bullen vom Rest der Herde zu trennen.
Той имаше за цел да отдели бика от останалата част от стадото.
Dies war keine leichte Aufgabe – es erforderte Schnelligkeit und messerscharfe List.
Това не беше лесна задача — изискваше бързина и свирепа хитрост.
Er bellte und tanzte in der Nähe des Stiers, gerade außerhalb seiner Reichweite.
Той лаеше и танцуваше близо до бика, точно извън обсега му.
Der Elch stürzte sich mit riesigen Hufen und tödlichem Geweih auf ihn.
Лосът се нахвърли с огромни копита и смъртоносни рога.
Ein Schlag hätte Bucks Leben im Handumdrehen beenden können.
Един удар можеше да сложи край на живота на Бък за миг.
Der Stier konnte die Bedrohung nicht hinter sich lassen und wurde wütend.

Неспособен да остави заплахата зад гърба си, бикът се разяри.

Er stürmte wütend auf ihn zu, doch Buck entkam ihm jedes Mal.

Той се нахвърли яростно върху него, но Бък винаги се изплъзваше.

Buck täuschte Schwäche vor und lockte ihn weiter von der Herde weg.

Бък се престори на слаб, примамвайки го по-далеч от стадото.

Doch die jungen Bullen wollten zurückstürmen, um den Anführer zu beschützen.

Но младите бикове щяха да се втурнат в атака, за да защитят водача.

Sie zwangen Buck zum Rückzug und den Bullen, sich wieder der Gruppe anzuschließen.

Те принудиха Бък да се оттегли, а бикът да се присъедини към групата.

In der Wildnis herrscht eine tiefe und unaufhaltsame Geduld.

В дивото има търпение, дълбоко и неудържимо.

Eine Spinne wartet unzählige Stunden bewegungslos in ihrem Netz.

Паяк чака неподвижно в мрежата си безброй часове.

Eine Schlange rollt sich ohne zu zucken zusammen und wartet, bis es Zeit ist.

Змията се увива без да потрепва и чака, докато дойде времето й.

Ein Panther liegt auf der Lauer, bis der Moment gekommen ist.

Пантера дебне в засада, докато настъпи подходящият момент.

Dies ist die Geduld von Raubtieren, die jagen, um zu überleben.

Това е търпението на хищниците, които ловуват, за да оцелеят.

Dieselbe Geduld brannte in Buck, als er in seiner Nähe blieb.
Същото търпение гореше и в Бък, докато стоеше наблизо.
Er blieb in der Nähe der Herde, verlangsamte ihren Marsch und schürte Angst.
Той остана близо до стадото, забавяйки похода му и всявайки страх.
Er ärgerte die jungen Bullen und schikanierte die Mutterkühe.
Той дразнеше младите бикове и тормозеше майките крави.
Er trieb den verwundeten Stier in eine noch tiefere, hilflose Wut.
Той докара ранения бик до още по-дълбока, безпомощна ярост.
Einen halben Tag lang zog sich der Kampf ohne Pause hin.
В продължение на половин ден битката се проточи без никаква почивка.
Buck griff aus jedem Winkel an, schnell und wild wie der Wind.
Бък атакуваше от всеки ъгъл, бърз и свиреп като вятъра.
Er hinderte den Stier daran, sich auszuruhen oder sich bei seiner Herde zu verstecken.
Той не позволявал на бика да си почине или да се скрие със стадото си.
Buck zermürbte den Willen des Elchs schneller als seinen Körper.
Бък изтощи волята на лоса по-бързо от тялото му.
Der Tag verging und die Sonne sank tief am nordwestlichen Himmel.
Денят отмина и слънцето се спусна ниско в северозападното небе.
Die jungen Bullen kehrten langsamer zurück, um ihrem Anführer zu helfen.
Младите бикове се върнаха по-бавно, за да помогнат на водача си.

Die Herbstnächte waren zurückgekehrt und die Dunkelheit dauerte nun sechs Stunden.
Есенните нощи се бяха завърнали и тъмнината вече траяше шест часа.
Der Winter drängte sie bergab in sicherere, wärmere Täler.
Зимата ги притискаше надолу към по-безопасни, по-топли долини.
Aber sie konnten dem Jäger, der sie zurückhielt, immer noch nicht entkommen.
Но все пак не можеха да избягат от ловеца, който ги държеше.
Es stand nur ein Leben auf dem Spiel – nicht das der Herde, sondern nur das ihres Anführers.
Само един живот беше заложен на карта — не на стадото, а само на водача им.
Dadurch wurde die Bedrohung in weite Ferne gerückt und ihre dringende Sorge wurde aufgehoben.
Това правеше заплахата далечна и не ги правеше неотложна грижа.
Mit der Zeit akzeptierten sie diesen Preis und überließen Buck die Übernahme des alten Bullen.
С времето те приеха тази цена и позволиха на Бък да вземе стария бик.
Als die Dämmerung hereinbrach, stand der alte Bulle mit gesenktem Kopf da.
Докато се спускаше здрач, старият бик стоеше с наведена глава.
Er sah zu, wie die Herde, die er geführt hatte, im schwindenden Licht verschwand.
Той наблюдаваше как стадото, което беше повел, изчезва в гаснещата светлина.
Es gab Kühe, die er gekannt hatte, Kälber, deren Vater er einst gewesen war.
Имаше крави, които познаваше, телета, чиито баща някога беше отгледал.
Es gab jüngere Bullen, gegen die er in vergangenen Saisons gekämpft und die er beherrscht hatte.

Имаше по-млади бикове, с които се беше борил и които беше управлявал в минали сезони.

Er konnte ihnen nicht folgen, denn vor ihm kauerte Buck wieder.

Той не можеше да ги последва — защото пред него отново се беше свил Бък.

Der gnadenlose Schrecken mit den Reißzähnen versperrte ihm jeden Weg.

Безмилостният ужас с остри зъби блокираше всеки път, който можеше да поеме.

Der Bulle brachte mehr als drei Zentner geballte Kraft auf die Waage.

Бикът тежеше повече от триста килограма плътна сила.

Er hatte ein langes Leben geführt und in einer Welt voller Kämpfe hart gekämpft.

Той беше живял дълго и се беше борил упорито в свят на борби.

Doch nun, am Ende, kam der Tod von einem Tier, das weit unter ihm stand.

И все пак сега, накрая, смъртта идваше от звяр, далеч под него.

Bucks Kopf erreichte nicht einmal die riesigen, mit Knöcheln besetzten Knie des Bullen.

Главата на Бък дори не стигна до огромните, свити колене на бика.

Von diesem Moment an blieb Buck Tag und Nacht bei dem Bullen.

От този момент нататък Бък остана с бика денем и нощем.

Er gönnte ihm keine Ruhe, erlaubte ihm nie zu grasen oder zu trinken.

Той никога не му даваше почивка, никога не му позволяваше да пасе или да пие.

Der Stier versuchte, junge Birkentriebe und Weidenblätter zu fressen.

Бикът се опита да яде млади брезови издънки и върбови листа.

Aber Buck verjagte ihn, immer wachsam und immer angreifend.
Но Бък го отблъсна, винаги нащрек и винаги атакуващ.
Sogar an plätschernden Bächen blockte Buck jeden durstigen Versuch ab.
Дори при тихите потоци Бък блокираше всеки жаден опит.
Manchmal floh der Stier aus Verzweiflung mit voller Geschwindigkeit.
Понякога, в отчаяние, бикът бягаше с пълна скорост.
Buck ließ ihn laufen und lief ruhig direkt hinter ihm her, nie weit entfernt.
Бък го остави да тича, подскачайки спокойно точно зад него, никога не се отдалечавайки.
Als der Elch innehielt, legte sich Buck hin, blieb aber bereit.
Когато лосът спря, Бък легна, но остана готов.
Wenn der Bulle versuchte zu fressen oder zu trinken, schlug Buck mit voller Wut zu.
Ако бикът се опиташе да яде или пие, Бък удряше с пълна ярост.
Der große Kopf des Stiers sank tiefer unter sein gewaltiges Geweih.
Голямата глава на бика хлътна още по-ниско под огромните му рога.
Sein Tempo verlangsamte sich, der Trab wurde schwerfällig, ein stolpernder Schritt.
Темпото му се забави, тръсът стана тежък; препъваща се походка.
Er stand oft still mit hängenden Ohren und der Nase am Boden.
Той често стоеше неподвижно с увиснали уши и нос към земята.
In diesen Momenten nahm sich Buck Zeit zum Trinken und Ausruhen.
През тези моменти Бък отделяше време да пие и да си почива.

Mit heraushängender Zunge und starrem Blick spürte Buck, wie sich das Land veränderte.
С изплезен език и втренчен поглед, Бък усети, че земята се променя.
Er spürte, wie sich etwas Neues durch den Wald und den Himmel bewegte.
Той усети нещо ново да се движи през гората и небето.
Mit der Rückkehr der Elche kehrten auch andere Wildtiere zurück.
С завръщането на лосовете се завръщаха и други дивите същества.
Das Land fühlte sich lebendig an, mit einer Präsenz, die man nicht sieht, aber deutlich wahrnimmt.
Земята се усещаше жива с присъствие, невидима, но силно позната.
Buck wusste dies weder am Geräusch, noch am Anblick oder am Geruch.
Бък не знаеше това по звук, зрение или обоняние.
Ein tieferes Gefühl sagte ihm, dass neue Kräfte im Gange waren.
По-дълбоко чувство му подсказваше, че нови сили са в движение.
In den Wäldern und entlang der Bäche herrschte seltsames Leben.
Странен живот се раздвижваше из горите и покрай потоците.
Er beschloss, diesen Geist zu erforschen, nachdem die Jagd beendet war.
Той реши да изследва този дух, след като ловът приключи.
Am vierten Tag erlegte Buck endlich den Elch.
На четвъртия ден Бък най-накрая свали лоса.
Er blieb einen ganzen Tag und eine ganze Nacht bei der Beute, fraß und ruhte sich aus.
Той остана до жертвата цял ден и нощ, хранейки се и почивайки.
Er aß, schlief dann und aß dann wieder, bis er stark und satt war.

Той яде, после спеше, после пак яде, докато не се нахрани и не се насити.

Als er fertig war, kehrte er zum Lager und nach Thornton zurück.

Когато беше готов, той се обърна обратно към лагера и Торнтън.

Mit gleichmäßigem Tempo begann er die lange Heimreise.

С равномерна крачка той започна дългото пътуване обратно към дома.

Er rannte in seinem unermüdlichen Galopp Stunde um Stunde, ohne auch nur ein einziges Mal vom Weg abzukommen.

Той тичаше неуморно, час след час, без нито веднъж да се отклони.

Durch unbekannte Länder bewegte er sich schnurgerade wie eine Kompassnadel.

През непознати земи той се движеше праволинейно като стрелка на компас.

Sein Orientierungssinn ließ Mensch und Karte im Vergleich schwach erscheinen.

Чувството му за посока караше човекът и картата да изглеждат слаби в сравнение с него.

Während Buck rannte, spürte er die Bewegung in der Wildnis stärker.

Докато Бък тичаше, той усещаше все по-силно раздвижването в дивата земя.

Es war eine neue Art zu leben, anders als in den ruhigen Sommermonaten.

Това беше нов вид живот, различен от този през спокойните летни месеци.

Dieses Gefühl kam nicht länger als subtile oder entfernte Botschaft.

Това чувство вече не идваше като едва доловим или далечен сигнал.

Nun sprachen die Vögel von diesem Leben und Eichhörnchen plapperten darüber.

Сега птиците говореха за този живот, а катериците бъбреха за него.
Sogar die Brise flüsterte Warnungen durch die stillen Bäume.
Дори бризът нашепваше предупреждения през тихите дървета.
Mehrmals blieb er stehen und schnupperte die frische Morgenluft.
Няколко пъти той спираше и подушваше свежия сутрешен въздух.
Dort las er eine Nachricht, die ihn schneller nach vorne springen ließ.
Той прочете там съобщение, което го накара да скочи напред по-бързо.
Ein starkes Gefühl der Gefahr erfüllte ihn, als wäre etwas schiefgelaufen.
Тежко чувство за опасност го изпълни, сякаш нещо се беше объркало.
Er befürchtete, dass ein Unglück bevorstünde – oder bereits eingetreten war.
Той се страхуваше, че бедствието идва — или вече е дошло.
Er überquerte den letzten Bergrücken und betrat das darunterliegende Tal.
Той прекоси последния хребет и влезе в долината отдолу.
Er bewegte sich langsamer und war bei jedem Schritt aufmerksamer und vorsichtiger.
Той се движеше по-бавно, бдителен и предпазлив с всяка стъпка.
Drei Meilen weiter fand er eine frische Spur, die ihn erstarren ließ.
На три мили разстояние той намери прясна следа, която го накара да се вцепени.
Die Haare in seinem Nacken stellten sich auf und sträubten sich vor Schreck.
Косата по врата му настръхна и се накъдри от тревога.
Die Spur führte direkt zum Lager, wo Thornton wartete.

Пътеката водеше право към лагера, където чакаше Торнтън.

Buck bewegte sich jetzt schneller, seine Schritte waren lautlos und schnell zugleich.

Бък се движеше по-бързо сега, крачката му беше едновременно безшумна и бърза.

Seine Nerven lagen blank, als er Zeichen las, die andere übersehen würden.

Нервите му се стегнаха, докато разчиташе знаци, които другите щяха да пропуснат.

Jedes Detail der Spur erzählte eine Geschichte – außer dem letzten Stück.

Всеки детайл от пътеката разказваше история – с изключение на последната част.

Seine Nase erzählte ihm von dem Leben, das hier vorbeigezogen war.

Носът му разказваше за живота, който беше преминал по този път.

Der Duft vermittelte ihm ein wechselndes Bild, als er dicht hinter ihm folgte.

Миризмата му придаде променяща се картина, докато го следваше плътно зад него.

Doch im Wald selbst war es still geworden, unnatürlich still.

Но самата гора беше притихнала; неестествено неподвижна.

Die Vögel waren verschwunden, die Eichhörnchen hatten sich versteckt, waren still und ruhig.

Птиците бяха изчезнали, катериците се бяха скрили, мълчаливи и неподвижни.

Er sah nur ein einziges Grauhörnchen, das flach auf einem toten Baum lag.

Той видя само една сива катерица, просната върху едно мъртво дърво.

Das Eichhörnchen fügte sich steif und reglos in den Wald ein.

Катерицата се сля с тълпата, скована и неподвижна като част от гората.

Buck bewegte sich wie ein Schatten, lautlos und sicher durch die Bäume.

Бък се движеше като сянка, безшумно и сигурно през дърветата.

Seine Nase zuckte zur Seite, als würde sie von einer unsichtbaren Hand gezogen.

Носът му се изви настрани, сякаш го дръпна невидима ръка.

Er drehte sich um und folgte der neuen Spur tief in ein Dickicht hinein.

Той се обърна и последва новата миризма дълбоко в гъсталака.

Dort fand er Nig tot daliegend, von einem Pfeil durchbohrt.

Там той намери Ниг, проснат мъртъв, пронизан от стрела.

Der Schaft durchdrang seinen Körper, die Federn waren noch zu sehen.

Стрелата преминала през тялото му, перата все още се виждали.

Nig hatte sich dorthin geschleppt, war jedoch gestorben, bevor er Hilfe erreichen konnte.

Ниг се беше довлякъл до там, но умря, преди да стигне до помощ.

Hundert Meter weiter fand Buck einen weiteren Schlittenhund.

Стотина метра по-нататък Бък намери друго куче за впряг.

Es war ein Hund, den Thornton in Dawson City gekauft hatte.

Това беше куче, което Торнтън беше купил още от Доусън Сити.

Der Hund befand sich in einem tödlichen Kampf und schlug heftig auf dem Weg um sich.

Кучето се бореше на смърт, блъскайки се силно по пътеката.

Buck ging um ihn herum, blieb nicht stehen und richtete den Blick nach vorne.

Бък го подмина, без да спира, с очи, вперени напред.

Aus Richtung des Lagers ertönte in der Ferne ein rhythmischer Gesang.
Откъм лагера се чуваше далечно, ритмично скандиране.
Die Stimmen schwoll in einem seltsamen, unheimlichen Singsangton an und ab.
Гласове се издигаха и затихваха със странен, зловещ, напевен тон.
Buck kroch schweigend zum Rand der Lichtung.
Бък пропълзя мълчаливо напред към края на поляната.
Dort sah er Hans mit dem Gesicht nach unten liegen, von vielen Pfeilen durchbohrt.
Там той видя Ханс да лежи по лице надолу, пронизан от много стрели.
Sein Körper sah aus wie der eines Stachelschweins und war mit gefiederten Schäften bestückt.
Тялото му приличаше на таралеж, осеяно с пернати стрели.
Im selben Moment blickte Buck in Richtung der zerstörten Hütte.
В същия момент Бък погледна към разрушената хижа.
Bei diesem Anblick stellten sich ihm die Nacken- und Schulterhaare auf.
Гледката накара косата му да настръхне по врата и раменете.
Ein Sturm wilder Wut durchfuhr Bucks ganzen Körper.
Буря от дива ярост заля цялото тяло на Бък.
Er knurrte laut, obwohl er nicht wusste, dass er es getan hatte.
Той изръмжа на глас, макар че не знаеше, че го е направил.
Der Klang war rau, erfüllt von furchterregender, wilder Wut.
Звукът беше суров, изпълнен с ужасяваща, дива ярост.
Zum letzten Mal in seinem Leben verlor Buck den Verstand und die Gefühle.
За последен път в живота си Бък загуби разум и емоции.
Es war die Liebe zu John Thornton, die seine sorgfältige Kontrolle brach.

Любовта към Джон Торнтън беше тази, която наруши внимателното му самообладание.

Die Yeehats tanzten um die zerstörte Fichtenhütte.

Йийхатите танцуваха около разрушената хижа от смърч.

Dann ertönte ein Brüllen – und ein unbekanntes Tier stürmte auf sie zu.

Тогава се чу рев — и непознат звяр се втурна към тях.

Es war Buck, eine aufbrausende Furie, ein lebendiger Sturm der Rache.

Това беше Бък; ярост в движение; жива буря от отмъщение.

Wahnsinnig vor Tötungsdrang stürzte er sich mitten unter sie.

Той се хвърли сред тях, обезумял от нуждата да убива.

Er sprang auf den ersten Mann, den Yeehat-Häuptling, und traf zielsicher.

Той скочи към първия мъж, вожда на йихатците, и удари право в целта.

Seine Kehle war aufgerissen und Blut spritzte in einem Strom.

Гърлото му беше разкъсано и кръв бликаше на струя.

Buck blieb nicht stehen, sondern riss dem nächsten Mann mit einem Sprung die Kehle durch.

Бък не спря, а с един скок разкъса гърлото на следващия мъж.

Er war nicht aufzuhalten – er riss, schlug und machte nie eine Pause, um sich auszuruhen.

Той беше неудържим - разкъсваше, разсичаше, никога не спираше за почивка.

Er schoss und sprang so schnell, dass ihre Pfeile ihn nicht treffen konnten.

Той се стрелна и подскочи толкова бързо, че стрелите им не можаха да го докоснат.

Die Yeehats waren in ihrer eigenen Panik und Verwirrung gefangen.

Йийхатите бяха обзети от собствена паника и объркване.

Ihre Pfeile verfehlten Buck und trafen stattdessen einander.

Стрелите им не улучиха Бък и вместо това се улучиха една в друга.

Ein Jugendlicher warf einen Speer nach Buck und traf einen anderen Mann.

Един младеж хвърли копие по Бък и улучи друг мъж.

Der Speer durchbohrte seine Brust und die Spitze durchbohrte seinen Rücken.

Копието прониза гърдите му, а върхът му се разпиля в гърба.

Die Yeehats wurden von Panik erfasst und zogen sich umgehend zurück.

Ужас обзе йихатците и те се втурнаха в пълно отстъпление.

Sie schrien vor dem bösen Geist und flohen in die Schatten des Waldes.

Те изкрещяха за Злия Дух и избягаха в горските сенки.

Buck war wirklich wie ein Dämon, als er die Yeehats jagte.

Наистина, Бък беше като демон, докато гонеше Йийхатите.

Er raste hinter ihnen durch den Wald her und erlegte sie wie Rehe.

Той се втурна след тях през гората, поваляйки ги като елени.

Für die verängstigten Yeehats wurde es ein Tag des Schicksals und des Terrors.

Това се превърна в ден на съдба и ужас за уплашените йихати.

Sie zerstreuten sich über das Land und flohen in alle Richtungen.

Те се разпръснаха по земята, бягайки надалеч във всички посоки.

Eine ganze Woche verging, bevor sich die letzten Überlebenden in einem Tal trafen.

Мина цяла седмица, преди последните оцелели да се срещнат в една долина.

Erst dann zählten sie ihre Verluste und sprachen über das Geschehene.

Едва тогава те преброиха загубите си и говориха за случилото се.

Nachdem Buck die Jagd satt hatte, kehrte er zum zerstörten Lager zurück.

Бък, след като се умори от преследването, се върна в разрушения лагер.

Er fand Pete, noch in seine Decken gehüllt, getötet beim ersten Angriff.

Той намери Пийт, все още с одеялата си, убит при първата атака.

Spuren von Thorntons letztem Kampf waren im Dreck in der Nähe zu sehen.

Следи от последната борба на Торнтън бяха отбелязани в пръстта наблизо.

Buck folgte jeder Spur und erschnüffelte jede Markierung bis zum letzten Punkt.

Бък проследи всяка следа, подушвайки всяка маркировка до крайната точка.

Am Rand eines tiefen Teichs fand er den treuen Skeet, der still dalag.

На ръба на дълбок вир той намери верния Скийт, който лежеше неподвижно.

Skeets Kopf und Vorderpfoten lagen regungslos im Wasser, er lag tot da.

Главата и предните лапи на Скийт бяха във водата, неподвижни в смъртта.

Der Teich war schlammig und durch das Abwasser aus den Schleusenkästen verunreinigt.

Басейнът беше кален и замърсен с оттичащи се води от шлюзовите кутии.

Seine trübe Oberfläche verbarg, was darunter lag, aber Buck kannte die Wahrheit.

Облачната му повърхност криеше какво се криеше отдолу, но Бък знаеше истината.

Er folgte Thorntons Spur bis in den Pool – doch die Spur führte nirgendwo anders hin.

Той проследи миризмата на Торнтън в басейна, но миризмата не водеше никъде другаде.
Es gab keinen Geruch, der hinausführte – nur die Stille des tiefen Wassers.
Нямаше никакъв аромат, който да води навън — само тишината на дълбоката вода.
Den ganzen Tag blieb Buck in der Nähe des Teichs und ging voller Trauer im Lager auf und ab.
Цял ден Бък прекара близо до вира, крачейки из лагера обзет от скръб.
Er wanderte ruhelos umher oder saß regungslos da, in tiefe Gedanken versunken.
Той се скиташе неспокойно или седеше неподвижно, потънал в тежки мисли.
Er kannte den Tod, das Ende des Lebens, das Verschwinden aller Bewegung.
Той познаваше смъртта; края на живота; изчезването на всяко движение.
Er verstand, dass John Thornton weg war und nie wieder zurückkehren würde.
Той разбираше, че Джон Торнтън го няма и никога няма да се върне.
Der Verlust hinterließ eine Leere in ihm, die wie Hunger pochte.
Загубата остави в него празнота, която пулсираше като глад.
Doch dieser Hunger konnte durch Essen nicht gestillt werden, egal, wie viel er aß.
Но това беше глад, който храната не можеше да утоли, независимо колко ядеше.
Manchmal, wenn er die toten Yeehats ansah, ließ der Schmerz nach.
Понякога, докато гледаше мъртвите Йийхати, болката отшумяваше.
Und dann stieg ein seltsamer Stolz in ihm auf, wild und vollkommen.

И тогава в него се надигна странна гордост, свирепа и безкрайна.
Er hatte den Menschen getötet, das höchste und gefährlichste Wild von allen.
Той беше убил човек, най-висшата и най-опасна игра от всички.
Er hatte unter Missachtung des alten Gesetzes von Keule und Reißzahn getötet.
Той беше убил, нарушавайки древния закон на тоягата и зъба.
Buck schnüffelte neugierig und nachdenklich an ihren leblosen Körpern.
Бък подуши безжизнените им тела, любопитен и замислен.
Sie waren so leicht gestorben – viel leichter als ein Husky in einem Kampf.
Бяха умрели толкова лесно — много по-лесно от хъски в бой.
Ohne ihre Waffen waren sie weder wirklich stark noch stellten sie eine Bedrohung dar.
Без оръжията си те нямаха истинска сила или заплаха.
Buck würde sie nie wieder fürchten, es sei denn, sie wären bewaffnet.
Бък никога повече нямаше да се страхува от тях, освен ако не бяха въоръжени.
Nur wenn sie Keulen, Speere oder Pfeile trugen, war er vorsichtig.
Само когато носеха тояги, копия или стрели, той щеше да внимава.

Die Nacht brach herein und ein Vollmond stieg hoch über die Baumwipfel.
Падна нощ и пълна луна се издигна високо над върховете на дърветата.
Das blasse Licht des Mondes tauchte das Land in einen sanften, geisterhaften Schein wie am Tag.

Бледата светлина на луната обливаше земята в меко, призрачно сияние, подобно на дневен блясък.
Als die Nacht hereinbrach, trauerte Buck noch immer am stillen Teich.
Докато нощта се сгъстяваше, Бък продължаваше да скърби край тихия вир.
Dann bemerkte er eine andere Regung im Wald.
Тогава той усети различно раздвижване в гората.
Die Aufregung kam nicht von den Yeehats, sondern von etwas Älterem und Tieferem.
Раздвижването не идваше от Йийхатите, а от нещо по-старо и по-дълбоко.
Er stand auf, spitzte die Ohren und prüfte vorsichtig mit der Nase die Brise.
Той се изправи, надигна уши и внимателно провери нос от вятъра.
Aus der Ferne ertönte ein schwacher, scharfer Aufschrei, der die Stille durchbrach.
Отдалеч се чу слаб, остър вик, който проряза тишината.
Dann folgte dicht auf den ersten ein Chor ähnlicher Schreie.
След това, веднага след първия, се разнесе хор от подобни викове.
Das Geräusch kam näher und wurde mit jedem Augenblick lauter.
Звукът се приближаваше, усилвайки се с всеки изминал момент.
Buck kannte diesen Schrei – er kam aus dieser anderen Welt in seiner Erinnerung.
Бък познаваше този вик — той идваше от онзи друг свят в паметта му.
Er ging in die Mitte des offenen Platzes und lauschte aufmerksam.
Той отиде до центъра на откритото пространство и се ослуша внимателно.
Der Ruf ertönte vielstimmig und kraftvoller denn je.
Зовът прозвуча, многозвучен и по-силен от всякога.

Und jetzt war Buck mehr denn je bereit, seiner Berufung zu folgen.
И сега, повече от всякога, Бък беше готов да откликне на призива си.
John Thornton war tot und hatte keine Bindung mehr an die Menschheit.
Джон Торнтън беше мъртъв и в него не остана никаква връзка с човека.
Der Mensch und alle menschlichen Ansprüche waren verschwunden – er war endlich frei.
Човекът и всички човешки претенции бяха изчезнали — той най-накрая беше свободен.
Das Wolfsrudel jagte Fleisch, wie es einst die Yeehats getan hatten.
Вълчата глутница гонеше месо, както някога са правили йехатите.
Sie waren Elchen aus den Waldgebieten gefolgt.
Те бяха проследили лосове от гористите земи.
Nun überquerten sie, wild und hungrig nach Beute, sein Tal.
Сега, диви и жадни за плячка, те прекосиха неговата долина.
Sie kamen auf die mondbeschienene Lichtung und flossen wie silbernes Wasser.
В осветената от лунната светлина поляна те се стичаха като сребърна вода.
Buck stand regungslos in der Mitte und wartete auf sie.
Бък стоеше неподвижно в центъра, неподвижен и ги чакаше.
Seine ruhige, große Präsenz versetzte das Rudel in Erstaunen und ließ es kurz verstummen.
Спокойното му, едро присъствие зашемети глутницата и я погълна за кратко.
Dann sprang der kühnste Wolf ohne zu zögern direkt auf ihn zu.
Тогава най-смелият вълк скочи право върху него без колебание.

Buck schlug schnell zu und brach dem Wolf mit einem einzigen Schlag das Genick.
Бък удари бързо и счупи врата на вълка с един удар.
Er stand wieder regungslos da, während der sterbende Wolf sich hinter ihm wand.
Той отново застана неподвижно, докато умиращият вълк се извиваше зад него.
Drei weitere Wölfe griffen schnell nacheinander an.
Още три вълка атакуваха бързо, един след друг.
Jeder von ihnen zog sich blutend zurück, die Kehle oder die Schultern waren aufgeschlitzt.
Всеки отстъпваше, кървейки, с прерязани гърла или рамене.
Das reichte aus, um das ganze Rudel zu einem wilden Angriff zu provozieren.
Това беше достатъчно, за да предизвика дива атака на цялата глутница.
Sie stürmten gemeinsam hinein, waren zu eifrig und zu dicht gedrängt, um einen guten Schlag zu erzielen.
Те се втурнаха заедно, твърде нетърпеливи и претъпкани, за да ударят добре.
Dank seiner Schnelligkeit und Geschicklichkeit war Buck in der Lage, dem Angriff immer einen Schritt voraus zu sein.
Скоростта и умението на Бък му позволиха да изпревари атаката.
Er drehte sich auf seinen Hinterbeinen und schnappte und schlug in alle Richtungen.
Той се завъртя на задните си крака, щракайки и удряйки във всички посоки.
Für die Wölfe schien es, als ob seine Verteidigung nie geöffnet oder ins Wanken geraten wäre.
За вълците това изглеждаше сякаш защитата му никога не се е отваряла или поклащала.
Er drehte sich um und schlug so schnell zu, dass sie nicht hinter ihn gelangen konnten.
Той се обърна и замахна толкова бързо, че не можаха да го задържат зад гърба си.

Dennoch zwang ihn ihre Übermacht zum Nachgeben und Zurückweichen.

Въпреки това, броят им го принуди да отстъпи и да се оттегли.

Er ging am Teich vorbei und hinunter in das steinige Bachbett.

Той подмина вира и се спусна в каменистото корито на потока.

Dort stieß er auf eine steile Böschung aus Kies und Erde.

Там той се натъкна на стръмен бряг от чакъл и пръст.

Er ist bei den alten Grabungen der Bergleute in einen Eckeinschnitt geraten.

Той се вмъкна в ъглов изрез по време на старото копаене на миньорите.

Jetzt war Buck von drei Seiten geschützt und stand nur noch dem vorderen Wolf gegenüber.

Сега, защитен от три страни, Бък се изправяше срещу само предния вълк.

Dort stand er in der Enge, bereit für die nächste Angriffswelle.

Там той стоеше встрани, готов за следващата вълна от атаки.

Buck blieb so hartnäckig standhaft, dass die Wölfe zurückwichen.

Бък отстояваше позициите си толкова яростно, че вълците се отдръпнаха.

Nach einer halben Stunde waren sie erschöpft und sichtlich besiegt.

След половин час те бяха изтощени и видимо победени.

Ihre Zungen hingen heraus, ihre weißen Reißzähne glänzten im Mondlicht.

Езиците им висяха, белите им зъби блестяха на лунна светлина.

Einige Wölfe legten sich mit erhobenem Kopf hin und spitzten die Ohren in Richtung Buck.

Няколко вълци легнаха, с вдигнати глави и наострени уши към Бък.

Andere standen still, waren wachsam und beobachteten jede seiner Bewegungen.
Други стояха неподвижно, нащрек и наблюдаваха всяко негово движение.
Einige gingen zum Pool und schlürften kaltes Wasser.
Няколко души се разходиха до басейна и се напиха със студена вода.
Dann schlich ein großer, schlanker grauer Wolf sanft heran.
Тогава един висок, слаб сив вълк се промъкна напред по нежен начин.
Buck erkannte ihn – es war der wilde Bruder von vorhin.
Бък го позна — това беше дивият брат от преди.
Der graue Wolf winselte leise und Buck antwortete mit einem Winseln.
Сивият вълк изскимтя тихо, а Бък отговори с хленчене.
Sie berührten ihre Nasen, leise und ohne Drohung oder Angst.
Те докоснаха носовете си, тихо и без заплаха или страх.
Als nächstes kam ein älterer Wolf, hager und von vielen Kämpfen gezeichnet.
След това дойде един по-възрастен вълк, измършавял и белязан от много битки.
Buck wollte knurren, hielt aber inne und schnüffelte an der Nase des alten Wolfes.
Бък започна да ръмжи, но спря и подуши носа на стария вълк.
Der Alte setzte sich, hob die Nase und heulte den Mond an.
Старецът седна, вдигна нос и зала към луната.
Der Rest des Rudels setzte sich und stimmte in das langgezogene Heulen ein.
Останалата част от глутницата седна и се присъедини към продължителния вой.
Und nun ertönte der Ruf an Buck, unmissverständlich und stark.
И сега зовът достигна до Бък, безпогрешен и силен.
Er setzte sich, hob den Kopf und heulte mit den anderen.
Той седна, вдигна глава и зави заедно с останалите.

Als das Heulen aufhörte, trat Buck aus seinem felsigen Unterschlupf.
Когато воят спря, Бък излезе от скалистия си заслон.
Das Rudel umringte ihn und beschnüffelte ihn zugleich freundlich und vorsichtig.
Глутницата се обгърна около него, душейки едновременно любезно и предпазливо.
Dann stießen die Anführer einen lauten Schrei aus und rannten in den Wald.
Тогава водачите извикаха и се втурнаха в гората.
Die anderen Wölfe folgten und jaulten im Chor, wild und schnell in der Nacht.
Другите вълци ги последваха, виейки в хор, диви и бързи в нощта.
Buck rannte mit ihnen, neben seinem wilden Bruder her, und heulte dabei.
Бък тичаше с тях, редом с дивия си брат, и виеше, докато тичаше.

Hier geht die Geschichte von Buck gut zu Ende.
Тук историята на Бък е добре да стигне до своя край.
In den folgenden Jahren bemerkten die Yeehats seltsame Wölfe.
В следващите години йехатите забелязали странни вълци.
Einige hatten braune Flecken auf Kopf und Schnauze und weiße Flecken auf der Brust.
Някои имаха кафяво на главите и муцуните, бяло на гърдите.
Doch noch mehr fürchteten sie sich vor einer geisterhaften Gestalt unter den Wölfen.
Но още повече се страхуваха от призрачна фигура сред вълците.
Sie sprachen flüsternd vom Geisterhund, dem Anführer des Rudels.
Те говореха шепнешком за Кучето-призрак, водач на глутницата.

Dieser Geisterhund war schlauer als der kühnste Yeehat-Jäger.
Това Куче-призрак беше по-хитро от най-смелия ловец на йихати.
Der Geisterhund stahl im tiefsten Winter aus Lagern und riss ihre Fallen auseinander.
Кучето-призрак крадеше от лагери в дълбока зима и разкъсваше капаните им.
Der Geisterhund tötete ihre Hunde und entkam ihren Pfeilen spurlos.
Кучето-призрак уби кучетата им и избяга от стрелите им безследно.
Sogar ihre tapfersten Krieger hatten Angst, diesem wilden Geist gegenüberzutreten.
Дори най-смелите им воини се страхуваха да се изправят срещу този див дух.
Nein, die Geschichte wird im Laufe der Jahre in der Wildnis immer düsterer.
Не, историята става още по-мрачна с течение на годините в дивата природа.
Manche Jäger verschwinden und kehren nie in ihre entfernten Lager zurück.
Някои ловци изчезват и никога не се връщат в далечните си лагери.
Andere werden mit aufgerissener Kehle erschlagen im Schnee gefunden.
Други са намерени с разкъсани гърла, убити в снега.
Um ihren Körper herum sind Spuren – größer als sie ein Wolf hinterlassen könnte.
Около телата им има следи – по-големи от тези, които който и да е вълк би могъл да остави.
Jeden Herbst folgen die Yeehats der Spur des Elchs.
Всяка есен Йихатите следват следите на лоса.
Aber ein Tal meiden sie, weil ihnen die Angst tief im Herzen eingegraben ist.
Но те избягват една долина със страх, дълбоко вдълбан в сърцата им.

Man sagt, dass der böse Geist dieses Tal als seine Heimat ausgewählt hat.
Казват, че долината е избрана от Злия Дух за свой дом.
Und wenn die Geschichte erzählt wird, weinen einige Frauen am Feuer.
И когато историята се разказва, някои жени плачат край огъня.
Aber im Sommer kommt ein Besucher in dieses ruhige, heilige Tal.
Но през лятото един посетител идва в тази тиха, свещена долина.
Die Yeehats wissen nichts von ihm und können es auch nicht verstehen.
Йихатите не го познават, нито биха могли да го разберат.
Der Wolf ist großartig und mit einer Pracht überzogen wie kein anderer seiner Art.
Вълкът е страхотен, облян в слава, не като никой друг от неговия вид.
Er allein überquert den grünen Wald und betritt die Waldlichtung.
Той сам прекосява зелената гора и влиза в горската поляна.
Dort sickert goldener Staub aus Elchhautsäcken in den Boden.
Там златен прах от чували от лосова кожа се просмуква в почвата.
Gras und alte Blätter haben das Gelb vor der Sonne verborgen.
Трева и старите листа са скрили жълтото от слънцето.
Hier steht der Wolf still, denkt nach und erinnert sich.
Ето, вълкът стои мълчаливо, мисли и си спомня.
Er heult einmal – lang und traurig – bevor er sich zum Gehen umdreht.
Той извиква веднъж — продължително и тъжно — преди да се обърне да си тръгне.
Doch er ist nicht immer allein im Land der Kälte und des Schnees.

И все пак той не винаги е сам в страната на студа и снега.
Wenn lange Winternächte über die tiefer gelegenen Täler hereinbrechen.
Когато дългите зимни нощи се спуснат над долните долини.
Wenn die Wölfe dem Wild durch Mondlicht und Frost folgen.
Когато вълците преследват дивеча през лунна светлина и мраз.
Dann rennt er mit großen, wilden Sprüngen an der Spitze des Rudels entlang.
След това той тича начело на глутницата, скачайки високо и диво.
Seine Gestalt überragt die anderen, aus seiner Kehle erklingt Gesang.
Формата му се извисява над останалите, гърлото му е пълно с песен.
Es ist das Lied der jüngeren Welt, die Stimme des Rudels.
Това е песента на по-младия свят, гласът на глутницата.
Er singt, während er rennt – stark, frei und für immer wild.
Той пее, докато тича – силен, свободен и вечно див.

www.ingramcontent.com/pod-product-compliance
Lightning Source LLC
Chambersburg PA
CBHW010029040426
42333CB00048B/2750